# U. C. J. G.

# AUX JEUNES

## 1920

## COMITÉ NATIONAL

46, RUE DE PROVENCE

PARIS-IX<sup>e</sup>

# ALLIANCE NATIONALE
## des Unions Chrétiennes de Jeunes Gens
## DE FRANCE

*Exposition Universelle de 1900 : Grand Prix*
*Exposition Universelle de 1904, St-Louis : Médaille d'Or*
*Exposition Nationale de Strasbourg, 1919 : Grand Prix*

### COMITÉ NATIONAL

*Président :* **Comte Paul de Pourtalès ;**
*Vice-Président :* **Professeur Raoul Allier ;**
*Secrétaire Général :* **H. d'Allens ;**
*Secrétaire Générale administrative :* **M<sup>lle</sup> L. Viguier ;**
*Commissaire National des Eclaireurs Unionistes :* **J. Beigbeder.**

### BUREAUX

**46, Rue de Provence, PARIS, 9<sup>e</sup>**
Métro : *Chaussée d'Antin, Le Peletier.*
Nord-Sud : *Notre-Dame de Lorette.*
*Téléphone :* Trudaine 58-60.
— 58-77.
*Adresse télégraphique :* Colénal Paris.

### REVUES :

**L'Espérance,** *revue mensuelle illustrée des Unions Chrétiennes de Jeunes Gens* (4 fr. par an) ;

**L'Eclaireur Unioniste,** *revue mensuelle illustrée du Mouvement des Eclaireurs Unionistes* (4 fr. par an).

RÉDACTION & ADMINISTRATION, 46, RUE DE PROVENCE, PARIS, 9<sup>e</sup>

**Pour tous renseignements sur les U.C.J.G., s'adresser à M. H. d'Allens, Comité National, 46, rue de Provence, Paris-IX<sup>e</sup>.**

*Tous les mandats doivent être établis au nom de Mlle Viguier.*

ANNUAIRE 1920 DES U. C. J. G. DE FRANCE

Édité par le Comité National, 46, rue de Provence, Paris-IX<sup>e</sup>
(Tél. Trudaine 58-60 et 58-77).

# AUX JEUNES

## U. C. J. G.

Que signifient ces quatre lettres ?
La même chose que

## Y. M. C. A.

les U. C. J. G. étant la branche française de l'Alliance Universelle des **Unions Chrétiennes de Jeunes Gens** dont les Y. M. C. A. (Young Men's Christian Associations) sont les branches américaine et anglaise.

L'U. C. J. G. travaille à développer harmonieusement l'âme, l'esprit et le corps.

L'U. C. J. G. est une Association de jeunes gens chrétiens qui entendent, non pas imposer leurs convictions, mais les proposer dans la liberté et dans le respect mutuels.

Protestante par ses origines et par son inspiration, l'U. C. J. G. est largement ouverte à tous les jeunes gens qu'anime un idéal de droiture. Elle s'interdit toute préoccupation politique.

Au lendemain de la guerre, l'Alliance française des U. C. J. G. dédie cette brochure à tous les jeunes qui veulent contribuer à la renaissance de notre pays et les convie à collaborer avec ceux de nos camarades qui sont déjà au travail dans les diverses localités dont ils trouveront la liste plus loin.

Le Comité National.

# ALLIANCE DES UNIONS CHRÉTIENNES DE JEUNES GENS DE FRANCE

### Fondée en 1867
## COMITÉ NATIONAL : Paris, 46, rue de Provence

## BUT

Salut et bien-être des jeunes gens
Former des hommes moralement, intellectuellement et physiquement forts

## PRINCIPES

*PROTESTANTE* par ses origines et par son inspiration, et *RESPECTUEUSE* de toutes les convictions sincères, l'U. C., désireuse de répondre à toutes les nobles aspirations de la jeunesse, est

## LARGEMENT OUVERTE

à tous les jeunes gens qu'anime un idéal de moralité et de droiture,
sans distinction de religion ou de condition sociale.

## PROGRAMME D'ACTIVITÉ

Au point de vue *MORAL & SPIRITUEL* : Etudes bibliques, conférences sur les questions religieuses et morales, lutte contre l'immoralité (débauche, pornographie, etc.)

Au point de vue *INTELLECTUEL* : Cours, bibliothèques, salles de lectures, conférences scientifiques, littéraires, économiques, etc... Causeries-débats, soirées littéraires et musicales.

Au point de vue *SOCIAL* : Foyers pour jeunes gens, chambres meublées, restaurants coopératifs, service de placement gratuit, caisse de dotation, antialcoolisme.

Au point de vue *PHYSIQUE* : Gymnases, sports, terrains athlétiques, camping, maisons de vacances.

Pour les jeunes garçons : **TROUPES D'ÉCLAIREURS UNIONISTES**
Le mouvement des Eclaireurs ou *Scontisme* est un *système d'éducation* grâce auquel
le garçon, tout en s'amusant joyeusement, se prépare à la vie et devient un homme
de caractère.

Pour les enfants : **SECTIONS CADETTES**
Jeux, causeries, projections lumineuses, travaux manuels

## ORGANISATION

*166 UNIONS LOCALES*
comprenant des membres actifs, associés, éclaireurs et cadets groupés en
*11 GROUPES RÉGIONAUX*
dont la fédération forme :
*L'ALLIANCE NATIONALE*
dirigée par le Comité National, comprenant des délégués de chaque Groupe

## NOS REVUES

*L'ESPÉRANCE*
Revue mensuelle illustrée des Unions Chrétiennes de Jeunes Gens
*L'ÉCLAIREUR UNIONISTE*
Revue mensuelle illustrée du Mouvement des Eclaireurs Unionistes de France
*RÉDACTION & ADMINISTRATION, 46, Rue de Provence, PARIS, 9ᵉ*

AU LOCAL
EN PLEIN AIR
SALLE DE LECTURE
G. CHAMBRE
ÉTUDE BIBLIQUE
COURS
ÉCLAIREURS
DE VACANCE
CAMPING
SPORTS
CE QUE L'U.C.J.G. VOUS OFFRE

# PENDANT LA GUERRE

## Les Unionistes à l'avant

Parmi les endroits célèbres de l'ancien front que sillonnent actuellement de graves et silencieux pèlerins, il en est peu qui évoquent les réalités de la guerre avec un relief plus saisissant que le Chemin des Dames. Ce qui frappe l'observateur le moins attentif, ce n'est pas la plaine bouleversée, ce ne sont pas les interminables tranchées encore béantes, ni les arbres déchiquetés aux moignons désespérément pointés vers le ciel, ce n'est pas l'aspect chaotique de toute cette campagne, mais bien plutôt une profusion extraordinaire de coquelicots.

A perte de vue s'étend comme un immense tapis rouge, la terre semble littéralement baignée dans le sang et, çà et là, émergent d'humbles petites croix de bois.

Par un phénomène étrange, le lieu de tant de luttes épiques, le théâtre de tant d'exploits gigantesques s'est voilé d'un vaste manteau rouge, recouvrant de ses plis les corps de tant de héros obscurs où glorieux.

Ainsi la même gloire auréole aujourd'hui sans aucune distinction les noms de ceux qui sont tombés pour la défense de la Patrie.

Nous ne pouvons pourtant pas ne pas songer avec émotion et fierté à ceux de notre grande famille unioniste qui se sont distingués dans la victorieuse phalange des défenseurs.

Si tous les groupements ont payé leur tribut, nos associations n'ont pas été les moins éprouvées.

Arrachés brusquement de leur pacifique labeur, nos jeunes gens partis en un bataillon serré, ont vu leurs rangs douloureusement éclaircis.

Sur l'immense chaîne des glorieux sommets où s'est jouée la destinée du Monde, les tombes de nos frères unionistes témoignent qu'aux heures de danger les nôtres étaient là.

Le même hommage peut s'adresser aux jeunes éclaireurs unionistes appelés à suivre l'exemple de leurs aînés. Avec le même entrain et le même enthousiasme ils ont fait face au danger.

Parmi nos camarades consacrés, comme secrétaires généraux, à l'œuvre unioniste, les noms des deux secrétaires généraux du Comité National retentissent douloureusement dans nos cœurs.

*Charles Grauss*, promu successivement sous-lieutenant, puis lieutenant, décoré de la Légion d'honneur, est frappé mortellement en entraînant ses hommes à l'assaut.

*Samuel Williamson* meurt à St-Raphaël, au service des « Foyers du Soldat », ayant servi comme un bon soldat jusqu'à l'extrême limite de ses forces.

A l'Union de Paris, c'est *Maurice Lauga*, secrétaire-adjoint qui, à Neuville-St-Vaast ayant eu son képi traversé par une balle, émerveille ses camarades par son calme et tombe un instant après, frappé de deux balles à la tête. C'est *Georges Groll*, également secrétaire-adjoint, qui tombe sous une pluie de balles, en s'acquittant avec sang-froid d'une mission périlleuse. C'est *Armand Kuntz*, ancien secrétaire-adjoint, atteint à travers le créneau d'une tranchée en Artois. C'est *Louis Marchand*, secrétaire-général de l'U. C. de Paris-Batignolles, tué devant Verdun, au cours de la formidable bataille de 1916.

L'Union de Paris a vu successivement tomber au champ d'honneur la plupart des chefs éclaireurs de sa troupe.

En vérité il faudrait un volume pour parler de :

*Ph. Biéler* qui accourt du Canada, à 18 ans, pour s'enrôler en France et qui meurt de ses blessures dans une ambulance du front ; de *Gaston Foulquier*, de l'Union d'Auteuil, qui deux fois blessé, prisonnier dans les conditions les plus pénibles, rapatrié en Suisse, puis en France, se met au service des « Foyers du Soldat » et meurt des suites de maladie contractée en captivité ; d'*Emile Renner*, de Giromagny, tué en se portant au secours d'un officier blessé ; de *Schmoucker*, de Lunéville, tué sur son avion au retour d'un bombardement de Metz ; des frères *Porte*, de Mazamet, tombés tous les deux à quelques jours d'intervalle ; de *Gaston Vincelius*, de Nancy qui, blessé à Morhange et amené dans une ambulance encombrée, cède volontairement son lit à un soldat ennemi, plus grièvement atteint que lui, et s'en va mourir un peu plus loin ; de *Paul Delord*, de Nîmes, qui pour ne pas exposer ses hommes, s'installe seul au plus fort du danger, à l'une de ses mitrailleuses, jusqu'au moment où un éclat d'obus lui traverse la poitrine ; d'*Henri Vos*, unioniste de Paris, citoyen hollandais, mais élevé en France, mort pour sa seconde patrie au combat de Belloy-en-Santerre.

Au fur et à mesure que je feuillette ces pages de gloire, les noms se pressent en foule qui mériteraient mieux qu'une brève et simple mention ! Mais nous n'avons pas que des morts sur nos listes. Grâce à Dieu, de vaillants amis nous sont revenus vivants et couverts de lauriers. *Gaston Partridge*, l'as du bombardement aérien, nous a été conservé. A côté de sa croix de guerre aux multiples palmes, nous admirons la médaille militaire et la rosette d'officier de la Légion d'honneur. C'est aussi le ruban rouge qui orne la boutonnière de notre camarade *Léon Peyric*, secrétaire général de l'Union de Paris. *Emile Kast*, chef éclaireur de St-Maur, a été chercher la Légion d'honneur en entraînant ses hommes à travers l'Aisne sous une grêle de coups (1).

_______________

(1) La modestie de l'auteur de cet article, notre ami J.-R. Terrier, l'empêche de dire qu'il compte lui-même au nombre des glorieux blessés. Grièvement atteint à la face, en 1915, au cours de l'offensive de Champagne, il perd l'usage d'un œil et est fait chevalier de la Légion d'honneur (N. D. L. R.)

**M. Edouard DE BILLY**

Ingénieur des Mines
Officier de la Légion d'Honneur
Président du Comité National des U. C. J. G.

*Pendant la guerre :* Colonel d'artillerie
et Délégué du Haut-Commissaire de France en Amérique.
Décédé le 11 juillet 1919
des suites d'un accident de cheval

**Charles GRAUSS**
Secrétaire Général du Comité National
des U. C. J. G. et de la Fédération française
des Associations Chrétiennes d'Etudiants
Chevalier de la Légion d'honneur, Croix de guerre
*Pendant la guerre :* Lieutenant au 339e R. d'I.
Tué le 29 août 1918 à l'assaut de Juvigny

**Samuel WILLIAMSON**
Secrétaire Général du Comité National des U. C. J. G.
Fondateur du Mouvement
des Eclaireurs Unionistes en France
*Pendant la guerre :* Directeur Régional
des Foyers du Soldat
Décédé le 15 août 1918

Là encore, je ne puis entr'ouvrir le livre d'or sans être tenté d'en publier tout le contenu. Il est donc parfaitement légitime de conclure que les Unions Chrétiennes ont été pour leurs membres une admirable école de devoir et de dévouement.

Nos associations ont été fidèles à leur programme : « Former des hommes ».

Elles se proposent de persévérer dans leur tâche. La France demande des hommes. Il ne s'agit plus de se faire tuer ; il s'agit de vivre et de vivre bien. Notre Patrie victorieuse, mais douloureusement meurtrie, ne peut revivre que par le labeur incessant de tous ses enfants. Elle réclame autre chose que de la littérature ou de l'éloquence, elle exige de tous des sacrifices à l'échelle de ceux qui lui ont été consentis par nos immortels poilus.

On demande des poilus de la paix ! Lecteur, voulez-vous en être ?

J.-R. Terrier.

# L'APPEL DES MORTS

Qu'importe ceux qui tombent si d'autres se lèvent ? Et vous êtes là, vous, les jeunes, vous avez prouvé, dès les premiers jours, que nous pourrons compter sur vous. C'est pour cela que nous ne craignons rien.

Ch. Grauss.

Puissions-nous tous être à notre poste de semeurs de vie, être de ceux qui transmettent la vie inspiratrice qui surmonte, qui progresse et qui chante, celle qu'il faut à la France, aujourd'hui et demain.

S. Williamson.

# DANS LES RÉGIONS DÉVASTÉES

## Après le passage des Allemands
## U. C. J. G. détruites
## Locaux pillés

**REIMS**
Ce qui reste du local de l'U. C. J. G., 12, rue Andrieux
*La destruction, par obus incendiaires allemands, a eu lieu
le 14 septembre 1914*

Vingt de nos Unions du Nord et de l'Est ont cruellement souffert de l'invasion. Leurs locaux ont été détruits par les bombardements allemands ou déménagés par les armées de l'ex-Kaiser. Les fruits de longues années d'efforts et d'économies ont été anéantis...

Néanmoins, dès l'armistice, nos camarades des régions libérées se sont remis au travail avec un entrain admirable, malgré des conditions matérielles bien précaires. Réunis dans des locaux que des réparations de fortune avaient de la p..e à rendre habitables, sans feu, sans mobilier, sans livres, ils ont rassemblé leurs membres et reconstitué leurs Unions.

Mais ils ont besoin d'être aidés et c'est pour tous ceux qui n'ont pas eu à souffrir de l'invasion un devoir impérieux de leur porter secours.

A cet effet, le Comité National des U. C. J. G. a organisé :

1° **Le Fonds national de Réorganisation** permettant d'user d'une caisse spéciale pour les besoins urgents et exceptionnels et sur lequel plusieurs milliers de francs ont pu être remis aux U. C. des régions libérées (1).

2° **Le marrainage des Unions dévastées** : d'accord avec les Groupes intéressés et grâce à la publicité de l'*Espérance*, le C. N. a exposé leur détresse et fait appel à la solidarité unioniste. Au 1er janvier 1920, douze Unions sur vingt avaient des marraines, ce sont :

**Bruay** (*Puteaux*).
**Caudry** (*Le Creusot et Orléans*).
**Fives-Lille** (*Nantes-Ville*).
**Lemé** (*Rennes*).
**Lille** (*Nîmes*).
**Maubeuge** (*Groupe de l'Ouest*).
**Quiévy** (*Paris Faub. St-Antoine*).
**Reims** (*Groupe de la Seine*).
**Roubaix** (*Groupe de Haute-Normandie*).
**St-Quentin** (*Paris-Ledru-Rollin et Valentigney*).
**Valenciennes** (*Levallois*).
**Walincourt** (*Enghien-Montmorency*) (2).

------------

(1) Le Comité National des U. C. J. G., 46, rue de Provence, Paris, continue à recevoir les dons pour le *Fonds National de Réorganisation* qui a encore à faire face à de nombreuses demandes.

(2) De plus, l'U. C. de *Paris-Batignolles* a adopté la jeunesse de l'Eglise de **Nauroy**.

Nous sommes persuadés que les Unions qui ont eu le privilège de retrouver leur local intact tiendront à honneur de solliciter le marrainage des Unions qui au 1er janvier 1920 n'étaient pas encore adoptées *(Denain, Hénin-Liétard, Landouzy-la-Ville, Lens, Liévin, Parfondeval, Quiévrechain, Sin-le-Noble)*.

Si les vides laissés par ceux qui sont tombés au Champ d'honneur ne peuvent, hélas, être comblés, les ruines matérielles peuvent au moins être réparées ; nous nous serrerons autour de nos Unions dévastées et nous apporterons à nos camarades les moyens de reconstituer ce que l'invasion a anéanti.

H. D'ALLENS.

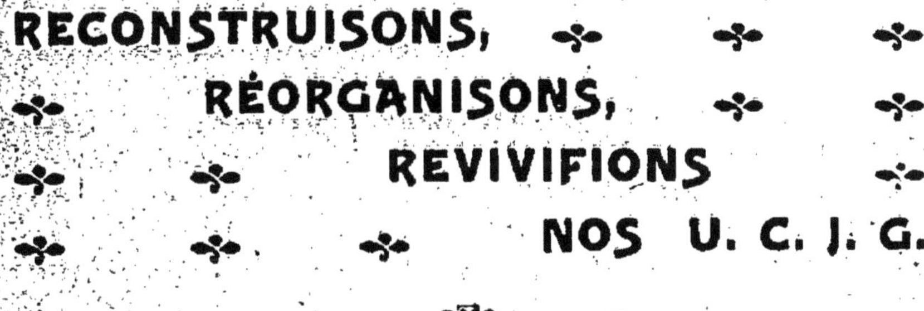


# Unionistes,

apportez votre collaboration

à l'œuvre générale, en souscrivant

au FONDS NATIONAL DE RÉORGANISATION

# L'action des Unions Chrétiennes à l'arrière

En leur qualité d'œuvres de jeunesse, on comprend que les Unions chrétiennes aient tout particulièrement souffert de la guerre. La mobilisation générale et les appels successifs des jeunes classes ont atteint leurs membres les uns après les autres et fait le vide dans leurs locaux.

Certaines Unions importantes ont pu cependant rester à l'œuvre sans arrêt, avec une réunion au moins par semaine. D'autres ont exercé une activité intermittente, disparaissant quand tous leurs membres eurent été mobilisés, et se reconstituant au retour de quelques aînés ou grâce à la formation d'un nouveau noyau de jeunes. Quelques-unes subsistèrent uniquement sous forme de leurs troupes d'éclaireurs. Mais la plus grande partie ont dû fermer leurs portes, au moins temporairement.

Dans ces conditions, le programme physique, intellectuel, social et religieux de nos associations s'est trouvé forcément très réduit, et les efforts des rares travailleurs restés dans les Unions se sont concentrés sur l'œuvre religieuse, en particulier sur l'étude biblique, qui constitue la base de notre activité.

Le Groupe de la Seine, qui se trouve dans une situation privilégiée par rapport aux autres groupes de France, par suite de l'agglomération de ses Unions sur un petit territoire et des grandes ressources qu'offre Paris, a pu de son côté maintenir une activité régionale assez intense, qui s'est traduite par le maintien des réunions régulières de son Comité, de la conférence annuelle de groupe et de la journée annuelle de retraite, l'institution de nombreuses réunions interunionistes, de cours bibliques pour chefs éclaireurs, et d'autres manifestations sur lesquelles nous allons revenir.

* *

Mais l'œuvre principale des U. C. pendant les cinq dernières années a consisté surtout à répondre aux besoins nouveaux créés par la guerre. Ainsi l'Union centrale de Paris a prêté son magnifique local de la rue de Trévise à la Société de secours aux blessés militaires, qui y a installé un hôpital modèle ; l'U. du Havre a cédé également quelques-unes de ses salles à l'œuvre de la Croix-Rouge, tandis que d'autres associations, comme celle de Marseille, abritaient dans leurs locaux des Foyers du soldat. En plus de leurs moyens matériels, quelques-unes des meilleures forces actives des U. C. ont été mises à la disposition d'œuvres de guerre. Ainsi la plupart de nos secrétaires généraux et beaucoup d'unionistes ont prêté leur concours à l'Œuvre franco-américaine des Foyers du soldat, soutenue par nos sœurs les Y. M. C. A. des Etats-Unis, et c'est en grande partie à la haute valeur morale et à l'expérience de ces collaborateurs de la première heure qu'est dû le remarquable succès des Foyers.

Pendant ce temps, d'autres unionistes visitaient les blessés dans les hôpitaux, organisant même dans certains d'entre eux des réunions récréatives, musicales et littéraires, tandis que les éclaireurs unionistes prêtaient sous diverses formes leur concours aux mêmes hôpitaux, à diverses administrations militaires, à la réception des permissionnaires, des blessés et des réfugiés dans les gares, etc.

Mais nos associations comptent spécialement à leur actif deux œuvres importantes dont l'initiative leur revient : nous voulons parler du ravitaillement moral et spirituel des soldats, et des réunions patriotiques et religieuses pour les civils de l'arrière.

Déjà avant la guerre, notre Comité national publiait

pour les conscrits membres des Unions la *Correspondance militaire unioniste*, destinée à les maintenir en relations avec nos associations. Grâce au dévouement de son rédacteur, M. R. De Jarnac, l'envoi de cette feuille fut étendu dès le commencement des hostilités à tous les unionistes mobilisés, et elle leur a apporté régulièrement des nouvelles, impatiemment attendues, les uns des autres. Mais le besoin s'est fait rapidement sentir de fournir à nos soldats des lectures réconfortantes sous forme de journaux religieux, de traités, de brochures spéciales et même de livres. Sous l'impulsion de M. Eug. Kiès, secrétaire général du Groupe de la Seine, ce ravitaillement a commencé en septembre 1914 par l'envoi du *Christianisme* et *d'Evangile et Liberté*, auxquels sont venus s'ajouter l'*Espérance*, l'*Effort*, le *Relèvement*, le *Journal du Soldat*, etc. Du groupe de la Seine, il s'est étendu à toutes les Unions, dans chacune desquelles il a été assuré par un correspondant : unioniste non mobilisé, femme d'unioniste ou de pasteur, parfois présidente ou secrétaire d'une U. C. de jeunes filles voisine. C'est également à l'initiative du Groupe de la Seine qu'est due la publication, en commun avec la Société centrale évangélique, d'un *Recueil de cantiques pour soldats et marins*, très répandu et apprécié sur le front. A ces envois se sont joints de nombreuses lettres particulières et des envois de provisions et d'objets utiles.

Le Comité National a organisé un service de *Colis de Noël*, composés des articles choisis par l'Unioniste lui-même, d'après une liste qui lui était préalablement soumise. — Le nombre des colis s'est élevé à 1.500, dont certains représentaient une valeur de plus de 100 fr. Le Comité National était aidé dans cette œuvre par les amis qui répondaient à son appel, par les Unions Chrétiennes de jeunes gens, tout particulièrement par les Unions Chrétiennes de jeunes filles qui se sont montrées des collaboratrices aussi fidèles qu'éclairées, et enfin par les différents groupements de la Fédération Française des Etudiants Chrétiens.

Malgré leurs lacunes ou leurs imperfections, ces « services de ravitaillement » ont contribué à maintenir le lien entre les unionistes dispersés, à leur donner le sentiment de la vitalité de notre mouvement, et il a fait connaître les Unions à des camarades qui les ignoraient et dont quelques-uns ont déjà manifesté l'intention de se joindre à nous.

Cette action pour ceux de l'avant s'est doublée d'une autre à l'arrière, au moins dans la région parisienne, destinée à soutenir le moral des non-combattants. Qu'il nous soit permis de signaler d'abord les remarquables conférences de M. le Prof. Raoul Allier, vice-président de notre Comité National, continuées inlassablement semaine après semaine pendant plus de trois années, et qui ont été d'un si puissant réconfort pour tous ceux qui les ont entendues ou lues plus tard en brochures. Les « réunions patriotiques et religieuses », au nombre de plus de 30, organisées par le Groupe de la Seine à Paris et en banlieue, n'ont pas été moins bienfaisantes. Des pasteurs y ont parlé à côté d'officiers, d'hommes politiques et de nombreux professeurs de l'Université, qui y ont traité des questions actuelles ou évoqué le passé et les gloires de la France. Leur succès ne s'est point démenti jusqu'à la grandiose manifestation du Trocadéro en mars 1919, destinée à célébrer la victoire des armes alliées avec le concours d'éminents représentants des Etats-Unis et de la Grande-Bretagne, et qui en a été le digne couronnement.

Tels sont, en résumé, les traits principaux de l'activité de guerre de nos U. C. à l'arrière. A elles on peut appliquer la devise de la ville de Paris : *Fluctuat nec mergitur*. Elles ont résisté aux jours de la tempête ; maintenant que les flots sont devenus plus calmes, puisse leur esquif reprendre sa marche vers de nouveaux horizons, pour de nouvelles conquêtes.

Louis BRUNET.

# DEPUIS L'ARMISTICE

Un gros effort a été fait pour rétablir une situation qui, au lendemain de la guerre, se trouvait bien compromise ; le mouvement unioniste, paralysé par la mobilisation, appauvri par la mort d'une partie de ses chefs et d'une foule de ses membres les plus actifs, n'existait pour ainsi dire plus ; tout était à reprendre. Grâce à l'activité et au dévouement de tous, des résultats encourageants ont déjà été obtenus et il nous est possible, au début de 1920, de regarder l'avenir avec confiance.

Nous ne pouvons ici que donner un aperçu très incomplet de ce travail d'une année qui, à travers la France tout entière, a permis à la jeunesse unioniste de se grouper à nouveau et de reprendre la tâche interrompue pendant 5 ans.

Notons-en quelques étapes.

I. **L'organisme central.** — Le devoir le plus urgent était de remettre sur pied une organisation solide permettant de travailler avec méthode. Le *Comité National*, démembré par la mort de ses deux secrétaires généraux et la dispersion de la plupart de ses membres, se reconstitua ; il nomma comme secrétaire général, M. H. d'ALLENS, comme secrétaire générale administrative, Mlle L. VIGUIER, et comme commissaire national des éclaireurs unionistes, M. Jean BEIGBEDER. Il réunit ses différents services, bureaux, magasin, librairie, au 46 de la rue de Provence dans un appartement qu'il partage fraternellement avec le Comité National de la Fédération des Etudiants chrétiens.

Pour faire face aux dépenses extraordinaires provenant de l'aide aux régions dévastées et de la nécessité d'une active propagande, il lança le *Fonds National de Réorganisation* qui, en 1919, réunit un peu plus de 7000 fr. et il organisa le *Marrainage des U. C. du Nord*.

Pour atteindre un plus grand nombre d'unionistes, il s'occupa de redonner à l'*Espérance* son développement d'avant-guerre ; le Comité de rédaction, reconstitué et agrandi, se mit à l'œuvre et sut rendre notre revue intéressante et attrayante ; il a de grandes ambitions et pourra les réaliser si les Unions le soutiennent en comprenant l'abonnement dans la cotisation de chaque membre. Une campagne d'abonnements a été entreprise, plusieurs milliers de n$^{os}$ spécimens ont été envoyés et près de 1000 nouveaux abonnements ont déjà été reçus.

Une active *publicité* a été faite également par l'édition et la diffusion d'une affiche-programme, d'une gravure reproduisant les diverses activités d'une U. C., d'un prospectus illustré expliquant le but de notre mouvement. Entre temps, l'Alliance française participait à l'*Exposition Nationale* de Strasbourg (où un grand prix lui était décerné) et à l'Exposition de Sarrebruck.

**II. Dans les groupes régionaux.** — Tandis que l'organisme central reprenait son action, on se remuait dans les Groupes et dans les Unions locales ; on rouvrait les locaux fermés, on renommait les comités, on élaborait des programmes.

Plus ou moins vite les Groupes se reformèrent ; parmi les premiers sur pied, citons les Groupes de la *Seine* (qui avait pu continuer à agir pendant la guerre), de *Haute-Normandie*, et tout spécialement du *Nord* qui, du sein de ses ruines, se remit au travail avec un admirable entrain. Les autres suivirent de près et, au début de 1920, tous avaient repris vie.

Trois d'entre eux ont des secrétaires généraux : M. E. KiÈs continue à s'occuper de la Seine ; M. Ch. SCHNEIDER, secrétaire général de l'Union de Nîmes, est chargé du Gard et Midi ; M. A. LÉO prendra possession dans le courant de l'été du poste de secrétaire général du groupe du Sud-Est et de l'Union de Marseille.

L'Union Centrale de Paris s'est assurée les services de M. L. PEYRIC, comme secrétaire général, et de MM. L. MARSAUCHE et J. GUÉRIN-DESJARDINS comme secrétaires généraux adjoints ; après avoir été pendant cinq ans transformée en hôpital, elle a rouvert ses portes et atteignait déjà 700 membres au 1er janvier 1920.

Dans les faubourgs et la banlieue de Paris, dans les villes, dans les villages, nos groupements se sont reconstitués avec le double concours des anciens qui revenaient et des éclaireurs d'avant-guerre devenus des aînés.

La jeunesse unioniste d'*Alsace et de Lorraine*, à laquelle nous redisons ici nos souhaits de chaleureuse bienvenue, est en train de se réorganiser et est entrée en relations avec le Comité National.

Peu à peu, la cohésion de l'armée unioniste s'affirme à nouveau et nous comptons sur la *Conférence nationale* de 1920 pour achever de lui donner cette unité de vues et d'action qui lui est indispensable.

*⁎⁎*

**III. La tâche actuelle.** — Il n'est que juste de rendre hommage à l'excellent esprit des unionistes qui rentrent des armées et qui sont pénétrés du sentiment de leur responsabilité dans la tâche immense de la renaissance morale de la France. Ils ont compris que nous nous trouvons en face d'un triple devoir auquel nous ne pouvons pas nous dérober : *devoir civique*, car nous avons à faire entendre notre voix et à préserver notre pays des agents de démoralisation et de décadence ; *devoir missionnaire*, qui nous oblige au moment où la France cherche son orientation à lui dire ce qu'est la religion de Jésus-Christ dans sa pureté primitive ; *devoir social*, car pour que nos Unions exercent une action il faut qu'elles soient des exemples concrets de la puissance réformatrice de l'Evangile.

La jeunesse unioniste sent le besoin de se préparer sérieusement à cette triple tâche, et sa *formation intellectuelle et sociale* est une de nos préoccupations. Déjà le Groupe de la Seine, par le camp d'études de Chaintréauville en septembre 1919 et par le cours pour militants qu'il a organisé cet hiver, a commencé ce travail nécessaire que nous avons l'intention de généraliser à toute la France.

Il n'y a pas de temps à perdre : c'est pendant les dix années qui viennent que va se forger l'âme de la nouvelle France et l'orientation qui lui sera donnée aura sur les générations futures une lointaine répercussion.

Nos Unions doivent compter parmi les forces bienfaisantes qui aideront notre pays à prendre la bonne direction.

H. d'ALLENS.

---

# L'APPEL DES MORTS

---

On ne m'envoie pas me faire tuer ; je vais combattre, j'offre ma vie pour les générations futures. Je ne meurs pas, je change d'affectation.

G. GROLL.

Devenez des enfants de Christ, et par Lui vous serez des forts.

Maurice LAUGA.

D'autres que nous, si nous ne pouvons pas le faire, travailleront au grand œuvre de la conquête du monde à son Roi, notre Roi... La France nouvelle doit se lever pour *faire Christ Roi*.

Alfred-E. CASALIS.

# NOTRE ACTION RELIGIEUSE

Notre action religieuse est **chrétienne** : elle proclame la plénitude religieuse du Christ, elle reconnaît Jésus comme le plus pur des modèles pour toute personne humaine, le Maître incomparable des volontés, l'unique Sauveur des âmes.

Notre action religieuse est **évangélique** : elle cherche la figure, le caractère, l'esprit, la puissance du Christ aux sources primitives de documentation connue, dans les récits biographiques que sont les Evangiles.

Notre action religieuse est **humaine** : elle s'adresse à l'homme tout entier et elle veut satisfaire aux légitimes exigences de l'intelligence, du sentiment, de la conscience.

Notre action religieuse est **morale** : pour elle, toute manifestation religieuse, qu'elle soit un mouvement caché d'adoration dans l'intimité du cœur ou un acte visible de tous, doit avoir pour aboutissement nécessaire une plus-value morale personnelle.

Notre action religieuse est **sociale** : elle se propose à tous sans aucune distinction ; elle poursuit chez tous le même but : amener l'individu à la pleine conscience de tous ses devoirs, notamment envers ses semblables, et lui donner le moyen de les remplir : elle proclame la fraternité humaine et elle crée un milieu qui essaye de vivre d'après les lois du Royaume de Dieu.

Notre action religieuse est **conséquente**, c'est-à-dire logique avec elle-même : ce qu'elle veut obtenir des autres, elle commence par le demander à ses représentants ; pour être entraînants, ceux-ci doivent pouvoir dire comme l'apôtre Paul : « Soyez mes imitateurs. »

Notre action religieuse est **tolérante**, c'est-à-dire respectueuse de la conscience d'autrui : elle n'embrigade pas les âmes par la contrainte ; elle ne les pousse vers aucun laminoir; elle annonce le Christ et elle compte lui gagner les jeunes par la persuasion, par l'exemple et par l'attirance de Celui qui veut conduire les hommes à Dieu.

Notre action religieuse est **respectueuse des conceptions ecclésiastiques** : elle laisse à chacun le soin de se prononcer pour le cadre de son choix : elle possède l'Évangile dans sa pureté primitive grâce à la Réforme et au Protestantisme dont l'amour de la vérité, la pratique du libre examen, le souci de la liberté de conscience constituent un héritage dont elle s'honore. Fidèle à ces principes, elle se préoccupe, avant tout, de montrer aux hommes qui cherchent la vérité religieuse la route à suivre pour devenir dignes de Dieu et dignes de l'humanité telle qu'elle doit être.

Ch. SCHNEIDER,
*Secrétaire général.*

Un culte en plein air
dans le « salon de verdure S. Williamson » de la Maison de Vacances
de Chaintréauville.

# LE MOUVEMENT DES U. C. J. G.

## Origines, organisation, action mondiale

« La force vitale du mouvement des Unions produit de tels résultats qu'il est presque impossible de les suivre. Des groupes d'hommes de tous les pays ont associé l'idéal des Unions avec une puissance invincible. » Et maintenant, comme en tout organisme vivant, la marche se poursuit et le développement s'accentue au point qu'il devient fort difficile de l'embrasser d'un coup d'œil et de l'exposer brièvement.

**Origines.** — En 1844, George Williams fonde la première Union Chrétienne de Jeunes Gens en Angleterre. Les débuts en sont modestes, presque audacieux. Mais, à la suite d'un mouvement religieux profond, des hommes ont senti la nécessité de parachever l'œuvre des églises là où elle s'arrête et d'y suppléer là où elle fait défaut. Leur but est simple et grand : « L'Évangélisation des jeunes par les jeunes. » Ils ont compris la force d'enthousiasme et d'apostolat de la jeunesse, et ils veulent, en dehors de toute préoccupation ecclésiastique ou confessionnelle, s'occuper d'elle et répondre à ses besoins et à ses aspirations.

Dès le début, l'œuvre de l'Union est à la fois extérieure et intérieure, morale et sociale. Elle fait une large place à la question religieuse qui fut son point de départ, mais elle s'occupe aussi de l'éducation intellectuelle et physique. Elle veut offrir aux jeunes les avantages de la communauté, mais aussi former des personnalités, des caractères et des consciences. Et chacune des trois branches, progressivement, se divise, s'organise, s'agrandit, sans perdre de vue le but final.

Soucieuse de recruter de plus en plus de jeunes, et de commencer au plus tôt pour eux leur œuvre, les Unions chrétiennes formeront les « sections cadettes », où elles trouveront plus tard des membres fidèles. En 1908, le Général Baden-Powel, pour raviver ces groupements et en renouveler l'attrait, créera le célèbre mouvement des « Boys-scouts » qui ne s'implantera chez nous que plus tard, grâce à l'initiative de Samuel Williamson, et où son expansion ne se fera pas attendre. La grande raison du succès sera justement cette heureuse et libre coopération pour le développement intégral du jeune homme.

Protestante par ses origines, l'Union chrétienne va prendre un essor plus rapide dans les pays anglo-saxons. La France, dès 1852 cependant, voit se former son premier groupement ; et l'on peut dire que, dès cette époque, la petite semence fructifie et devient l'arbre immense dont l'ombre aujourd'hui couvre toute la terre. Il est impossible d'en suivre l'élargissement progressif et illimité, qui depuis longtemps a envahi les pays latins.

***

**Organisation.** — L'organisation des Unions Chrétiennes de jeunes gens est démocratique par excellence. Une idée la dirige et la soutient, celle de la collaboration de toutes les valeurs et de toutes les forces : le bien de chacun par tous. Pour cela ses membres se divisent en deux catégories bien distinctes : les membres actifs, ayant fait profession de foi chrétienne, et les membres associés, jeunes gens aspirant sincèrement à une vie morale. Des comités nommés par les membres actifs et placés à la tête de chaque Union, et des commissions dirigeant chaque branche particulière s'efforcent d'en assurer le perfectionnement et le meilleur rendement, tandis que les membres actifs, dévoués plus entièrement au service de l'Union, s'occupent à y entretenir un foyer de vie abondant et plein d'attrait, et y exercent l'influence personnelle qui leur est un devoir et un privilège. Des cours sont ouverts, ainsi que des réunions d'études, d'un intérêt à la fois pratique et instructif. Des bureaux de placement sont créés, des coopératives, des ateliers même, parfois.

Ainsi grâce à la division méthodique du travail, grâce à l'activité donnée à chacun, grâce à l'extension incessante de l'œuvre, les résultats sont grands et féconds. Chaque Union est autonome, et les Unions de chaque pays sont groupées en *Alliance nationale*. L'ensemble des Alliances forme l'*Alliance Universelle* dont le siège est à Genève.

**Œuvre mondiale.** — Au 1er janvier 1920, il y avait dans le monde entier 8.789 Unions formées par 1.303.917 membres, pris dans 47 pays différents. Les ramifications du mouvement s'étendent universellement ; les buts et les principes restent les mêmes partout, en s'adaptant aux conditions variables suivant les continents. L'Union ne s'est pas seulement préoccupée de donner au jeune homme un peu de bien-être et de l'aider à sa formation morale, elle s'est donnée aussi aux grands problèmes sociaux et elle fait œuvre missionnaire. La plus récente démonstration de la valeur et de la puissance des Unions chrétiennes vient d'être faite au cours de la grande guerre. Leurs organisations immenses et riches ont été pour les combattants, au point de vue matériel et moral, du plus grand secours. Nous avons vu partout le triangle symbolique et les initiales Y. M. C. A. des Unions chrétiennes anglaises et américaines ; l'Alliance Universelle a pu mettre à l'épreuve les liens infrangibles qui unissent ses membres par delà les distances et la barrière des races.

Pour l'avenir, nous attendons de nouveaux progrès encore. L'action bonne et l'évangélisation des jeunes par les jeunes sont la meilleure propagande. Le monde nous a vus à l'œuvre et viendra à nous si nous savons nous ouvrir à lui, revoir les moyens et les idées anciennes, élargir nos portes pour l'œuvre de relèvement fraternel, de transformation sociale et de régénération individuelle.

Ed. RANDEGGER.

# Cultivons notre esprit

Fidèles à leur programme, les Unions Chrétiennes de Jeunes Gens se préoccupent du développement intellectuel de leurs membres et mettent à leur disposition les éléments nécessaires à leur culture personnelle.

Nous n'avons, certes, pas la prétention de rechercher une science encyclopédique et une érudition prétentieuse, nous envisageons la culture générale sous un autre jour, comme nous permettant de voir les rapports existant entre les diverses questions, de replacer les faits dans leur cadre historique, de juger ce qui est important et ce qui l'est moins, en un mot, d'établir une échelle des valeurs.

Cette vue d'ensemble qui permet de dominer les problèmes et de ne pas se perdre dans les détails est indispensable à qui veut agir.

A côté de la CULTURE RELIGIEUSE qui constitue le fondement de notre action, et de la CULTURE BIBLIQUE trop méconnue de nos jours, nos Unions aident leurs membres à se perfectionner dans divers domaines sur lesquels ils doivent posséder des notions générales : CULTURE SCIENTIFIQUE qui donne à l'esprit des habitudes de précision et d'exactitude, CULTURE SOCIALE qui permet de s'orienter entre les principaux systèmes économiques, CULTURE LITTÉRAIRE ET PHILOSOPHIQUE grâce à laquelle on peut suivre les grands courants d'idées qui ont peu à peu formé la France contemporaine.

Il ne faut pas oublier que ceux-là seuls ont de l'influence qui s'imposent par leur valeur personnelle, qui connaissent à fond les problèmes à l'ordre du jour et qui possèdent une documentation sûre et précise. Ce ne sont pas des mots qu'il faut apporter, ce sont des idées.

Le tableau suivant donnera un aperçu des différents moyens employés par les U. C. J. G. pour arriver à ce but, mais la meilleure manière de se renseigner à ce sujet est de suivre de près une Union et de s'initier à son mécanisme.

## CONFÉRENCES

Causeries-débats, avec libre discussion, sur les questions économiques, sociales, morales, religieuses (*une liste de sujets est envoyée gratuitement sur demande par le C. N.*). Réunions publiques et contradictoires.

## COURS

*a)* techniques, *destinés à augmenter la valeur profession- nelle du jeune homme* (langues vivantes, sténographie, dactylographie, questions commerciales, etc.).

*b)* documentaires, *destinés à parfaire la culture générale du jeune homme.* Voici quelques sujets de cours récents : Comment la Bible a été composée, questions apologétiques, l'Histoire du Protestantisme, la parole en public, etc...

## CAMPS D'ÉTUDES

Organisés en été à la campagne dans un site pittoresque. Les séances de travail y alternent avec les excursions et les sports.

## BIBLIOTHÈQUES

Presque toutes les Unions en possèdent une où les jeunes gens trouvent les livres qu'il faut avoir lu.

Pour les Unions qui n'en ont pas, le Comité National a organisé un

### Service de Bibliothèques circulantes

qu'il prête dans les conditions suivantes :

Le prêt des bibliothèques circulantes est réservé aux Unions dont la cotisation est en règle. Chaque Bibliothèque contient 30 volumes spécialement choisis (15 ouvrages d'imagination, les autres traitant de questions diverses). Pour avoir communication des livres, les Unions doivent s'inscrire en versant un droit fixe de 4 fr. Le Comité National, par contre, rembourse les frais d'envois. La durée du prêt est de 3 mois. Le renvoi ne doit être fait que sur les indications du C. N. qui fournit l'adresse du nouveau destinataire. (En cas de non renvoi dans la quinzaine après avis, les frais de port resteront à la charge de l'Union.)

**Camp d'Etudes.**
*Une séance de travail*

## ÉDITION DE BROCHURES

Le Comité National des U. C. J. G. a édité des brochures dont on trouvera la liste sur la troisième page de la couverture et il se propose d'en éditer de nouvelles suivant les indications de l'actualité.

## SOIRÉES LITTÉRAIRES ET MUSICALES

Destinées à faire connaître les chefs-d'œuvre de la littérature française et à développer le sens artistique (*une liste de titres de récitations, monologues, pièces de théâtre, morceaux de musique est envoyée gratuitement sur demande par le C. N., ainsi que des programmes-types de soirées d'art social).*

## VUES POUR PROJECTIONS

Le Comité National tient à la disposition des Unions qui en feraient la demande des vues pour projections lumineuses. *(Demander le catalogue gratuit).* Un livret-texte accompagne la plupart des séries.

*Conditions d'envoi.* — Le prêt des vues est réservé aux Unions dont la cotisation est en règle. Pour éviter des pertes de temps considérables et une comptabilité dispendieuse, les envois ne seront faits que contre paiement du montant ou du port : 1 fr. 70 colis en gare, 2 fr. 30 à domicile. *Durée maximum du prêt :* 10 jours. (En cas de retard, l'Union sera tenue de payer un droit de location de 1 franc, qui servira au rachat de nouvelles vues). Les Unions sont responsables de la casse dès le départ de Paris jusqu'au retour.

## DOSSIERS-COLLECTIONS

Pour venir en aide aux Unions en formation, le Comité National a établi des dossiers contenant tout ce qui peut être utile à l'organisation d'une Union et aider à son développement *(Demander le catalogue gratuit).*

*Conditions d'envoi.* — Contre 1 fr. 80, prix du colis postal à domicile. Il ne sera prêté qu'un dossier à la fois. Ces dossiers étant uniques et irremplaçables, l'emprunteur s'engage personnellement à prendre le plus grand soin du dossier et à le renvoyer bien emballé *dans le délai de 15 jours maximum.*

## LA REVUE DES U. C. J. G.

Tous les mois, l'*Espérance*, revue illustrée (1), apporte aux Unionistes des études documentaires sur des sujets variés, des contes et nouvelles, des récits de voyage, des articles de technique unioniste, des renseignements sur la marche du mouvement, etc... et s'efforce tout à la fois de distraire et d'enseigner.

---

(1) Abonnement : 4 fr. (France), 4 fr. 50 (Union postale), 46, rue de Provence, Paris IXᵉ.

# L'Œuvre morale et sociale des U. C. J. G.

L'U. C. J. G. exerce sur le jeune homme une action individuelle afin de l'aider à faire l'éducation de sa volonté et de sa pureté. Elle le met en garde contre les dangers de l'immoralité et l'instruit avec prudence, mais sans pruderie, des questions sexuelles autour desquelles on a eu trop souvent le tort de faire la conspiration du silence.

L'U. C. J. G. lutte contre les fléaux qui compromettent la santé physique et le moral de notre pays ; tout spécialement contre l'alcoolisme et contre l'immoralité sous toutes ses formes (débauche, pornographie, théâtre obscène, jeux d'argent, etc...) par des campagnes, des conférences, des affiches, des brochures, des articles de journaux. Elle collabore avec les Ligues existantes.

L'U. C. J. G. organise des séances d'études sociales ; elle n'adhère à aucun parti, à aucune école déterminée ; mais elle documente ses membres afin de leur permettre de s'orienter pour leur propre compte en connaissance de cause. Elle développe en eux l'homme social, afin que plus tard ils puissent travailler avec intelligence et courage aux transformations nécessaires de la société.

Depuis longtemps déjà l'U. C. J. G. s'est souciée de traduire ses préoccupations sociales par des applications pratiques, susceptibles d'intéresser la vie du jeune homme et de lui apporter des améliorations matérielles.

Plus que jamais elle veut montrer *par des faits* ce que l'Évangile du Christ renferme, dans sa pureté primitive, d'éléments réformateurs et de semences de justice et de fraternité.

Les renseignements qui suivent montreront ce que l'U. C. J. G. a déjà réalisé dans ce sens.

# CONTRE LA VIE CHÈRE

## Chambres meublées et restaurants unionistes

**Bordeaux.** — 5, rue du Temple : restaurant et chambres meublées.

**Levallois.** — 69, rue de Cormeille (métro : porte Champerret) : chambres meublées, restaurant populaire (repas sans vin, 2 fr. 75).

**Lyon.** — 5, passage Coste, Cours Lafayette : restaurant.

**Marseille.** — 114, rue de Rome : restaurant et chambres meublées.

**Paris.** — 14, rue de Trévise, chambres meublées, restaurant coopératif, le repas 3 fr., crèmerie ; 129, rue Marcadet (Montmartre) : chambres meublées.

Une Chambre meublée
à l'Union de Paris, 14, rue de Trévise

# EN VUE DU MARIAGE
## Caisse de dotation unioniste des Alliances des U. C. J. G. et J. F. de France

*Si vous voulez vous marier un jour, ou si, étant marié, vous avez des enfants et désirez songer à leur avenir, nous vous conseillons de lire attentivement les renseignements ci-dessous relatifs à la caisse de dotation.*

Cette Caisse a pour but d'aider les jeunes gens et les jeunes filles des Unions chrétiennes de France, des colonies et des pays de protectorat, désireux de se constituer une dot pour leur mariage.

Les Unions chrétiennes, grâce au dévouement inlassable d'hommes comme M. Roger Merlin et comme M. Adrion, ont pu constituer une société d'épargne et de secours mutuels. Par des versements en somme très minimes, on peut se constituer pour l'époque du mariage, une véritable dot dont le montant dépend, d'une part de l'importance des versements faits, et d'autre part de l'importance des sommes versées par les membres honoraires.

Tous les versements faits à la Caisse de dotation unioniste sont productifs d'un intérêt de 5 o/o, c'est-à-dire plus élevé qu'à la caisse d'épargne actuellement. Le placement, nous n'avons pas besoin de l'ajouter, est d'une sécurité absolue.

On peut souscrire pour une, deux, trois, quatre ou cinq parts, à mesure des possibilités. Les versements varient donc de 1 fr. à 5 fr. par mois.

## Les résultats qu'on peut obtenir

Celui qui aura pris une part pendant dix ans, aura versé 120 fr. et il touchera au moins 150 francs.

Celui qui aura pris une part pendant vingt ans aura versé 240 fr. et touchera au moins 370 fr.

Celui qui aura pris une part pendant trente ans aura versé 1.200 fr. et touchera au moins 1.850 fr.

Sans compter une part proportionnelle aux bénéfices qui proviennent des dons faits à la société ou des recettes extraordinaires.

Tous les ménages unionistes devraient donc inscrire d'urgence *leurs enfants* à la Caisse de dotation unioniste.

Tous les Unionistes de moins de vingt ans devraient s'inscrire aussi sans tarder.

*Demandez les prospectus explicatifs au C. N.*

## LE GRAND AIR POUR TOUS

### Maisons et Camps de vacances

Maison de vacances du Groupe de la Seine à Chaintréauville, près Nemours (S.-et-M.). Ouverte de juillet à octobre à partir de 6 fr. par jour. (*Demandez la plaquette spéciale des renseignements à M. Eugène Kiès, 246, faubourg St-Antoine, Paris*).

Maison de vacances de l'Union de Nîmes à St-André-de-Valborgne (Gard) ouverte de juillet à octobre. (*Pour tous renseignements s'adresser à M. Ch. Schneider, s. g. de l'Union, 5, rue Rabaut-St-Étienne, Nîmes*).

Camps de vacances organisés dans différentes régions pendant la belle saison. (*Se renseigner auprès du président de chaque Union*).

## POUR AVOIR UN BON MÉTIER

Un **Service de placement et d'apprentissage** fonctionne à Paris sous la direction du Comité du Groupe de la Seine (*S'adresser au Commissaire général pour l'œuvre d'apprentissage, M. D. Mercier, 4, rue Titon, Paris, XI*).

# POUR LES ISOLÉS

Un **Service d'accueil fraternel** est organisé dans les principales villes de France pour entourer, dès leur arrivée, les jeunes gens qui viennent y travailler, leur donner tout conseil utile, les aider à trouver une pension ou une chambre, etc...

*Pour Paris et la Seine, s'adresser à M. E. Kiès, secrétaire général du Groupe, 246, faubourg St-Antoine, Paris.*

*Pour les autres villes, s'adresser au président de l'Union (voir la liste plus loin).*

**Maison de Vacances**
des U. C. J. G. du Groupe de la Seine
à Chaintréauville, près Nemours (S.-et-M.).

# Sports et Camping

Le développement physique est une des grandes préoccupations des U. C. J. G. qui veulent faire, non pas des champions et des spécialistes, mais des hommes solides,

## Les U. C. J. G. et les Sports

Concours Athlétique interunioniste.
Départ d'un 5.000 m.

au corps sain et vigoureux. Les U. C. J. G. estiment que le sport est, non un but, mais un moyen, un bon serviteur, qu'il faut savoir utiliser avec discernement et méthode.

Nous pratiquons les sports les plus divers : foot-ball, basket-ball, cross-country, saut, lancement du poids, courses de vitesse, natation, bicyclette, tennis, etc...

Le groupe de la Seine dispose au Tremblay d'un superbe terrain sportif où un championnat athlétique est organisé chaque année. L'Union centrale de Paris possède dans son local un gymnase qui est un des mieux installés de la capitale.

Le Camping, que les U. C. J. G. ont contribué à introduire en France, est en grand honneur parmi les unio-

**Camping de l'U. C. du Faubourg Saint-Antoine
dans la forêt de Saint-Germain**

nistes. Un certain nombre d'Unions possèdent un matériel complet de campement et, pendant la belle saison, profitent des congés du 14 juillet et du 15 août pour aller vivre dans la forêt ou à la mer la vie saine et fortifiante du grand air.

# Les Eclaireurs Unionistes

Le Mouvement des Eclaireurs Unionistes de France « a pour but de grouper les Troupes d'Eclaireurs qui veulent réaliser le développement complet du corps, de l'esprit et de l'âme des adolescents, en s'inspirant dans toutes leurs-actions des principes de l'Evangile, et en préparant ainsi les jeunes gens à l'accomplissement de tous leurs devoirs d'hommes et de citoyens. » (Art. 2 des Statuts).

**Qu'est-ce que le Scoutisme ?** — Le « scoutisme » est le programme d'éducation appliqué dans les Troupes d'Eclaireurs (en anglais, *boy-scout*) du Monde entier, et dont les principes fondamentaux ont été exposés par Sir Robert Baden-Powell, fondateur du Mouvement, dans son livre admirable « Scouting for Boys » (traduit en français par Bovet).

*Le scoutisme n'est pas une préparation militaire,* bien que certains côtés de son organisation et nombre de ses exercices s'en rapprochent. Il vise à créer les qualités morales et physiques qu'on réclame du bon soldat, mais n'essaie pas de faire des demi-soldats au dressage insuffisant et inutile à cet âge.

*Le scoutisme n'est ni un jeu, ni un sport,* bien que les jeux y tiennent une place d'honneur, et que l'éducation physique par les sports et les exercices les plus variés y soient largement représentés.

Le scoutisme ne s'adresse pas à telle ou telle faculté du jeune garçon, mais à toutes. Comme l'a écrit Baden-Powell :

« *Le scoutisme est un système d'éducation.*

« L'Eclaireur est un garçon qui, en s'amusant roya-
« lement, se prépare en même temps à la vie, se forge
« une âme, devient un homme de caractère ».

*
* *

**Le Mouvement des Eclaireurs.** — Le mouvement a été lancé en Angleterre, en 1908, par le géné-

**Les Eclaireurs à l'Elysée.** — Mme R. Poincaré au milieu d'un
Groupe d'E. U. et d'E. de F. qu'elle avait invités à goûter.

ral Sir Robert Baden-Powel qui, à un génie pédago-
gique universellement reconnu à l'heure actuelle, joint
une grande expérience de sportsman, de voyageur, de
pionnier et de chef militaire. En moins de quatre ans,

le mouvement s'est implanté dans les pays les plus divers de race et de religion, et il groupe actuellement plus de deux millions d'adhérents.

En France, il existe deux grandes Associations de scoutisme : *la Fédération des Éclaireurs de France* et le *Mouvement des Éclaireurs Unionistes*. Celui-ci, organisé le premier, dès 1911, par l'Alliance des Unions Chrétiennes de Jeunes Gens, groupe actuellement plus de 3.000 adhérents, malgré les pertes cruelles que lui a fait éprouver la guerre.

Ces deux Associations, qu'un lien fédératif a unies pendant la fin de la guerre, travaillent parallèlement pour propager le scoutisme en France et entretiennent des relations cordiales. Elles diffèrent par leurs origines, leur organisation, mais surtout par leurs principes en matière religieuse.

L'esprit du Mouvement des Éclaireurs Unionistes est essentiellement religieux. Le Chef E. U. considère que l'éducation religieuse fait partie du programme d'éducation intégrale qu'il doit réaliser, et en est même la clé de voûte ; tandis que le Chef Éclaireur de France, s'il applique strictement l'art. 15 des Statuts de son Association, n'a pas le droit de parler de questions religieuses à ses Éclaireurs, en réunion officielle de Troupe.

**Ce qu'il faut savoir de l'organisation.** — *Pour être admis* comme « novice » ou « pied-tendre », le garçon doit être âgé de 11 à 15 ans, et présenter une demande accompagnée de l'autorisation écrite de ses parents.

*L'insigne* du mouvement est un coq debout, symbole de l'esprit gaulois, fier et loyal, dressé sur une banderolle portant le mot d'ordre des Éclaireurs : « Sois prêt ». *L'uniforme* adopté, de belle allure, est en même temps le plus pratique ; faisant disparaître les différences sociales, il contribue à unir tous les Eclaireurs dans un même esprit d'affection et de dévouement.

Le pied-tendre n'est admis définitivement, et autorisé à porter l'uniforme, qu'après avoir passé son examen

**M. Poincaré**, précédé de **Charles Bonnamaux** et accompagné d'**Henri Bonnamaux** (à sa droite) visite le camp des Eclaireurs dans la forêt de Marly.

d'aspirant et avoir prêté ce serment : « Je promets sur mon honneur de faire tout mon possible pour servir Dieu et la Patrie, rendre service à tout moment et obéir à la Loi de l'Eclaireur ». D'autres examens lui permettent d'atteindre ensuite la 2ᵉ et la 1ʳᵉ classes, et de devenir breveté, diplômé ou initié.

*L'organisation* des Eclaireurs Unionistes prévoit comme unité la Troupe, dirigée par un chef adulte, d'une valeur morale éprouvée, le plus souvent membre actif d'une Union Chrétienne de jeunes gens, et qui, se dévouant à de plus jeunes, leur consacre bénévolement son temps de loisir.

La Troupe est subdivisée en patrouilles de 8 éclaireurs, dirigées chacune par le plus capable d'entre eux, le chef de patrouille. Cette patrouille constitue le petit clan, où l'esprit de solidarité et de bonne camaraderie acquiert toute sa valeur.

Toutes les Troupes Unionistes en France sont groupées par régions, subdivisées elles-mêmes, s'il y a lieu, en secteurs, placés sous la direction immédiate des Commissaires régionaux et de secteurs (1).

J. BEIGBEDER.

_______________

(1) Pour tous renseignements complémentaires, s'adresser au Commissaire National, 46, rue de Provence, Paris (9e).

# ÉPHÉMÉRIDES DES E. U.

## Août 1914 – Novembre 1919

**1914.**

*Août.* — Le Commissaire National, Henri Bonnamaux, est mobilisé, ainsi que les 4/5 des Chefs de Troupe.

*Septembre.* — Le Chef, Jean Beigbeder, assure provisoirement les fonctions de Commissaire National.

**1915.**

*Février.* — Apparition de la 2e édition du « Manuel de l'Eclaireur ».

*13 Juin.* — Fête des E. U. du Groupe de la Seine à Trivaux, présidée par MM. Merlin et Galtier ; 450 présents.

**1916.**

*25 Février.* — Création de la Commission Nationale du Mouvement des Eclaireurs Unionistes.

*Mai.* — N° spécial de « l'Eclaireur Unioniste » sur le système des patrouilles, - grâce auquel beaucoup de Troupes ont pu fonctionner par la suite sous la direction de Chefs très jeunes.

*28 Mai.* — Fête de Trivaux, présidée par le Général d'Amboix de Larbont ; premier grand concours inter-patrouilles ; 450 présents.

**1917.**

*Janvier.* — Organisation des premiers marrainages de Troupes des régions envahies, sur l'initiative du Commissaire G. Diény.

*18 Mars.* — Inauguration du terrain de culture de Puteaux.

*15 Avril.* — Première séance plénière de la Commission Nationale.

*Mai.* — Démission du Commissaire provisoire, Jean Beigbeder. Le Commissaire Henri Bonnamaux reprend les fonctions de Commissaire National.

*10 Juin.* — Fête de Trivaux, présidée par le Général de Berckheim, président de l'Association des Eclaireurs de France ; 500 présents.

*Novembre.* — Réorganisation du journal « l'Eclaireur Unioniste », sous la direction du Chef Borcard.

Apparition de la 3e édition du « Manuel de l'Eclaireur ».

**1918.**

*19 Janvier.* — Premier Conseil National des Chefs Eclaireurs Unionistes. Transformation de la composition de la Commission Nationale, dont font désormais partie, de droit, tous les Commissaires Régionaux.

*9 Juin.* — Fête de Trivaux ; 350 présents, malgré les bombardements.

*3 Juillet.* — Fondation de la « Fédération Française des Eclaireurs », entre Eclaireurs Unionistes et Eclaireurs de France ; réception du Dr Macfarland, délégué des Boy-Scouts Américains.

*Juillet.* — Démission du Commissaire National Henri Bonnamaux, qui est remplacé par le Commissaire Georges Diény.

*15 Août.* — Mort de Samuel Williamson, fondateur du Mouvement des Eclaireurs Unionistes.

*20 Octobre.* — Visite à Paris du Général Sir Robert Baden-Powell ; Eclaireurs Unionistes et Eclaireurs de France lui sont présentés.

*1er Novembre.* — Second Conseil National des Chefs Eclaireurs Unionistes.

*Décembre.* — M. Georges Clemenceau, Président du Conseil, accepte de devenir le « Chef des Eclaireurs en France ».

*15 Décembre*. — Démission du Commissaire National Georges Diény, qui reprend la direction du Groupe du Nord.

Intérim assuré par le Commissaire Henri Bonnamaux.

## 1919.

*7 Janvier*. — Dépôt des Statuts provisoires du Mouvement.

*15 Janvier*. — Entrée en fonctions du Commissaire National Jean Beigbeder.

*21 Avril*. — Fondation à Mulhouse du Groupe des Eclaireurs Unionistes d'Alsace et de Lorraine.

*21 Mai*. — Séance plénière du Comité National des U. C. J. G. et de la Commission Nationale des E. U. ; mise à l'étude des moyens de réaliser l'autonomie des Eclaireurs Unionistes.

*9 Juin*. — A Marly, au jubilé du Touring-Club, le Président de la République visite le camp des Eclaireurs (E. U. et E. de F.). - A la Perrheux, le Général Gouraud remet leurs Drapeaux à 14 Troupes Alsaciennes d'Eclaireurs Unionistes.

*22 Juin*. — Fête de Trivaux, présidée par M. André Tardieu ; 600 présents.

*2 Juillet*. — Réception à l'Elysée, par M. et Mme Poincaré, de 50 Eclaireurs Unionistes et 50 Eclaireurs de France.

*Septembre*. — Apparition de la 4e édition du « Manuel de l'Eclaireur ».

*5 Novembre*. — A Strasbourg, M. Clemenceau passe en revue les Eclaireurs Unionistes du Groupe d'Alsace.

*9-11 Novembre*. — Troisième Conseil National des Chefs Eclaireurs Unionistes, tenu à Reims.

# Un Eclaireur se rend utile...

« Un Eclaireur se rend utile » ; c'est l'art. 3 de la Loi de l'Eclaireur. Voici quelques exemples de la manière

**Pendant la guerre.** — *Les Eclaireurs Unionistes défrichent le terrain de Puteaux sur lequel ils récoltèrent 12.000 kilos de pommes de terre et beaucoup d'autres légumes.*

dont les Eclaireurs Unionistes ont appliqué leur Loi depuis le début de la guerre.

Pendant les premiers mois de la mobilisation, de nombreux Eclaireurs Unionistes ont été employés par les autorités militaires, comme plantons ou cyclistes dans divers services et forts du Gouvernement Militaire de Paris, d'Epinal, etc. D'autres ont travaillé pour les municipalités comme estafettes, pompiers, secrétaires, etc...

**Les œuvres de guerre** se sont maintes fois félicitées de la bonne volonté des Eclaireurs Unionistes qui leur ont spontanément offert leur concours pour : l'installation et le service des hôpitaux, cantines militaires ou cantines pour réfugiés ; la vente des insignes pendant les Journées du 75, de la Croix-Rouge, des régions libérées, etc.; l'organisation de fêtes artistiques dans les hôpitaux ou Foyers du Soldat; l'organisation de services d'ordre, etc.

Les Eclaireurs Unionistes ont accompli un très sérieux effort **au point de vue agricole**, surtout pendant l'année 1917, et ont participé à la campagne en faveur de l'emploi de la main-d'œuvre scolaire dans l'agriculture. De nombreuses Troupes ont cultivé des terrains abandonnés ; entre autres, le terrain de Puteaux, cultivé par les Eclaireurs de la région parisienne, a produit plus de 12.000 kilos de pommes de terre, et de multiples autres légumes.

Pendant les étés 1916, 1917, 1918, des équipes agricoles ont travaillé dans diverses régions de la France et ont aidé les cultivateurs pour les fenaisons, les moissons ou les vendanges ; un effort particulièrement important a été fait dans les Basses-Alpes par les Troupes du Littoral.

Depuis l'armistice, les **Troupes marraines** ont envoyé plus de 10.000 fr., *gagnés* par elles, à leurs filleules des régions libérées. Des grands Eclaireurs ont contribué, pendant l'été 1919, **à la préservation et à la rééducation physique et morale** de plus de 700 garçons des régions libérées, en fournissant les cadres :

1° de la « maison de nos enfants du Nord » à Fellering (Haut-Rhin), où plus de 100 enfants débiles de Reims, Lille et St-Quentin ont séjourné dix semaines à l'air vivifiant des Vosges.

2° des patronages organisés par les « Foyers de l'Union Franco-Américaine » à Reims et à St-Quentin, pour éloigner les enfants des ruines dangereuses.

# Notre Presse

**L'ESPÉRANCE**

Revue mensuelle illustrée des U. C. J. G. de France. — Abonn' : France, 4 fr. ; Union postale, 4.50. — Le n° o fr. 50. — Comité national, 46, rue de Provence, Paris 9e.

**L'ÉCLAIREUR UNIONISTE**

Organe officiel du Mouvement des E. U. de France. — Abonn' : France, 4 fr. ; Etranger, 5 fr. — 46, rue de Provence, Paris 9e.

**LE LIEN**

Bulletin mensuel des chefs Eclaireurs. — Abonn' : 3 fr. — 46, rue de Provence, Paris 9e.

EX-LIBRIS
AMI BEGUIN

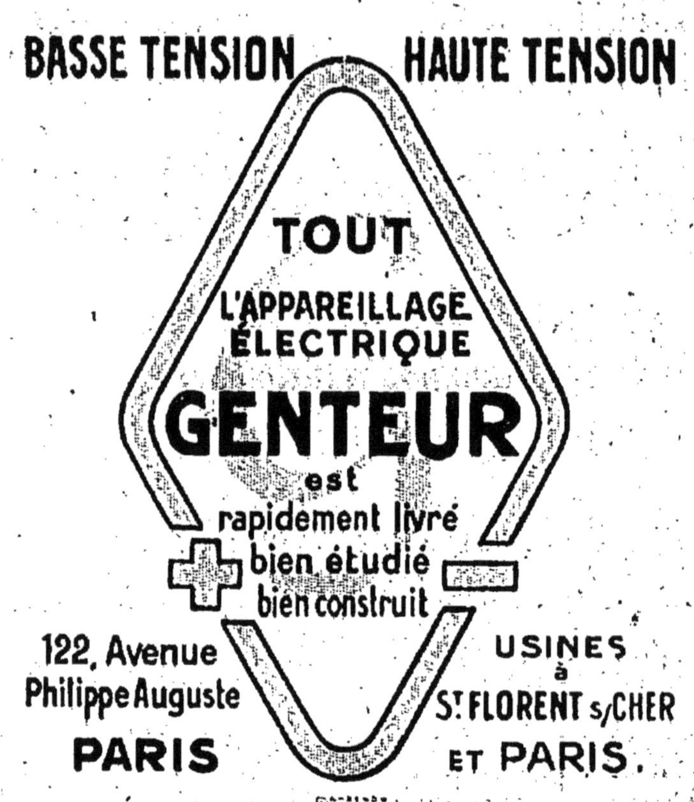

BASSE TENSION — HAUTE TENSION
TOUT
L'APPAREILLAGE
ÉLECTRIQUE
GENTEUR
est
rapidement livré
bien étudié
bien construit
122, Avenue
Philippe Auguste
PARIS
USINES
à
St FLORENT s/CHER
ET PARIS
INTERRUPTEURS -:- INVERSEURS
TABLEAUX DE DISTRIBUTION
- APPAREILLAGE AUTOMATIQUE -
RHÉOSTATS, DÉMARREURS, etc.
PETIT APPAREILLAGE, DOUILLES
R. BORCARD, Administrateur-délégué,
Chef Eclaireur Unioniste.

# Annuaire général des Unions

---

## COMITÉ UNIVERSEL
### DES U. C. J. G.
### 3, rue du Général-Dufour
### GENÈVE

Adresse télégraphique : Flemgo-Genève
Téléphone : 1955-1956

*Président :* D<sup>r</sup> PAUL DES GOUTTES.

*Vice-Président :* D<sup>r</sup> LOUIS PERROT.

*Secrétaires généraux :* CHRISTIAN PHILDIUS, RODOLPHE HORNER, THÉOPHILE GEISENDORF.

*Directeur des Bureaux :* VICTOR SCHLÆPPI. — *Secrétaires-adjoints :* E. SARTORIUS, W.-H. UNDERWOOD. —

*Secrétaire-comptable :* ALBERT KNODEL.

# COMITÉ NATIONAL
## DES U. C. J. G. DE FRANCE
**46, rue de Provence**
**PARIS (9ᵉ)**

(*Métro* : Chaussée d'Antin, Lepeletier)
(*Nord-Sud* : Notre-Dame-de-Lorette)

*Adresse télégraphique* : Coténal-Paris
*Téléphone* : Trudaine 58-60 et 58-77

*Président* : Cᵗᵉ PAUL DE POURTALÈS.

*Vice-Président* : PROFESSEUR RAOUL ALLIER.

*Membres* : Dʳ H. CAMBESSÉDÈS, PASTEUR F. DÜRR-LEMAN, PASTEUR JEAN LAROCHE, ROGER MERLIN, PIERRE MONOD, EM. SAUTTER, H. DE SEYNES-LARLENQUE, PASTEUR G. BENIGNUS (*Sud-Est*), LOUIS BRUNET (*Seine*), PROFESSEUR H. DEVAUX (*Sud-Ouest*), PASTEUR G. DIÉNY (*Nord*), ROBERT LAFAURIE (*Haute-Normandie*), CAMILLE MARCHAL (*Nord-Est*), GEORGES MÉTIN (*Pays de Montbéliard*), ERNEST MEYER (*Ouest*), PIERRE GROS (*Gard et Midi*), X. (*Rhône et Loire*), X. (*Colonies*).

*Secrétaire Général du Comité National* : H. D'ALLENS.

*Secrétaire Générale Administrative* : Mˡˡᵉ L. VIGUIER.

*Mouvement des Éclaireurs Unionistes* : Commissaire National : JEAN BEIGBEDER.

## Secrétaires généraux

H. D'ALLENS (*S. G. Comité National*), 4, rue Fabre-d'Eglantine, Paris (12e).

J. GUÉRIN-DESJARDINS (*S. G. adjoint U. C. Paris*), 59, avenue de Courbevoie, Asnières (Seine).

Eugène KIÈS (*S. G. Groupe de la Seine*), 246, faubourg Saint-Antoine, Paris (12e).

Albert LÉO (*S. G. U. C. Marseille et Groupe du Sud-Est*). (Entrera en fonctions au cours de l'été 1920).

L. MARSAUCHE (*S. G. adjoint U. C. Paris*), 9, rue Joseph-Bara, Paris.

Léon PEYRIC (*S, G. U. C. Paris*), 38, boulevard des Etats-Unis, Le Vésinet (S.-et-O.).

Charles SCHNEIDER (*S. G. U. C. Nimes et Groupe du Gard et Midi*), 5, rue Rabaut-Saint-Etienne, Nimes (Gard).

Mlle L. VIGUIER (*S. G. administrative Comité National*), 13, rue Lafayette, Paris (9e).

# Mouvement des Éclaireurs Unionistes de France

## COMMISSAIRE NATIONAL

Jean BEIGBEDER, 15, rue Lamennais, Paris.

## COMMISSAIRES RÉGIONAUX

*Alsace et Lorraine.*    J.-A. JAEGER, Commissariat Général de la République à Strasbourg.

| | |
|---|---|
| *Gard.* | CHARLES SCHNEIDER, 5, rue Rabaut-St-Etienne, Nîmes. |
| *Littoral.* | ROBERT BEIGBEDER (Commissaire de Secteur), 207, Prado, Marseille. |
| *Nord.* | GEORGES DIÉNY, Pasteur, 13, rue Fontaine, Quiévy, Nord. |
| *Nord-Est.* | CAMILLE MARCHAL, 11, rue Boulay de la Meurthe, Epinal. *Adjoint*, JUTEAU, Thaon-les-Vosges. |
| *Normandie.* | .............................................. |
| *Ouest.* | HENRI MEYER, 2, rue Villeneuve, La Rochelle. |
| *Pays de Montbéliard.* | .............................................. |
| *Rhône et Loire.* | CHARLES CHARREYRON, 5, Cours Lafayette, Lyon. |
| *Seine.* | CHARLES BONNAMAUX, 80, rue Laugier, Paris. |
| *Sud-Ouest.* | CHARLES KLIPSCH, 11, cours Martinique, Bordeaux. |
| *Tarn.* | GASTON TOURNIER, 21, rue Albert-Rouvière, Mazamet. |

# LISTE DES GROUPES RÉGIONAUX DES U. C.

## Gard et Midi

24 Unions — Président : Pierre Gros, Les Cèdres, ruelle des Trois-Piliers, rue de Sauve, Nîmes. Secrétaire Général : Charles Schneider, 5, rue Rabaut-St-Etienne, Nîmes.

## Haute-Normandie

7 Unions, Président : Robert Lafaurie, 32, rue Félix-Faure, Le Havre.

## Nord

21 Unions, Président : H. Bricout, 13, rue de Saint-Quentin, Quiévy (Nord).

## Nord-Est

6 Unions, Président : C. Marchal, 11, rue Boulay-de-la-Meurthe, Épinal (Vosges).

## Ouest

27 Unions, Président : E. Meyer, 8, avenue Carnot, La Rochelle.

## Pays de Montbéllard

10 Unions, Président : Georges Métin, 14, rue Pasteur, Valentigney (Doubs).

## Rhône et Loire

7 Unions, Président : X.

## Seine

43 Unions
Président : R. Merlin, 28, rue Guynemer, Paris.
Secrétaire Général : E. Kiés, 246, faubourg St-Antoine, Paris (12e).

## Sud-Est

9 Unions
Président : G. Benignus, 10, rue de la Pérouse, Valence (Drôme).
Secrétaire Général : A. Léo.

## Sud-Ouest

8 Unions, Président : H. Devaux, 44, rue Millière, Bordeaux.

## Colonies

4 Unions, Président : X.

**Total : 166 Unions.**

# UNIONS CHRÉTIENNES DE JEUNES GENS DE L'ALLIANCE FRANÇAI[SE]

**Abréviations** : E. U. (*Eclaireurs Unionistes*); S. C. (*Section Cadette*)

## GROUPE DU GARD & MIDI
### 24 UNIONS

*Président* : M. Pierre GROS, Les Cèdres, ruelle des Trois-Piliers, rue de Sauve, Nîmes (Gard)
*Secrétaire général* : M. Ch. SCHNEIDER, 5, rue Rabaut-St-Etienne, Nîmes (Gard)

| Localités | | Jours de réunion | Adresses | Président ou Correspondan[t] |
|---|---|---|---|---|
| Anduze (Gard) | E. U., S.C. | Mercredi, Samedi | Maison Pulsford, r. Ste-Marie. | P. BOISSON, avenue de la Gare. |
| Antibes (A.-M.) | | | | P' CLEISZ, Villa Jeannette. |
| Avignon (Vaucluse) | | Samedi | Place des Etudes | |
| Bagard et Boisset | S. C. | Dimanche | Béthanie-Bagard p. Anduze (Gard). | P' P. VERDEIL. |
| Bréau (Gard) | | Dimanche | | |
| Le Cailar (Gard) | | Mercredi | | |
| Castres (Tarn) | S. C. | Mercredi, Samedi | 9, rue Borrel, 1er étage | Ed. PRADES, allées Corbières. |
| Collioure (Pyr.-O.) | | Vendredi | | |
| Congénies (Gard) | | Samedi | | BOUET-GUÉRIN, à Congénies. |
| Lamelouze (Gard) | | | | |
| Marseille (B.-du-R.) | E. U. | Mercredi, local ouvert tous les jours. | 114, rue de Rome | G. BACCUET, 61, boul. Notre-Dame<br>A. LÉO, Secrétaire général. |
| Mazamet (Tarn) | E. U. | Lundi | Avenue Albert-Rouvière | G. TOURNIER, 1, rue Barbey. |
| Mialet (Gard) | | | Place du Temple | |
| Millau (Aveyron) | S. C. | Jeudi | 24, rue Alsace-Lorraine | Jean GALTIER, 36, boul. de l'Ayroll[e] |
| Montpellier (Hérault) | E. U. | Samedi | 19, rue Chaptal | A. ATGER, 57, avenue de Toulouse |
| Nice (Alpes-Maritimes) | | Dimanche mat., jeudi soir | 11, rue du Palais | A. LIBERCIER, Villa Antoinette, Delphine, St-Sylvestre, Nice. |
| Nîmes (Gard) | E. U. | Jeudi, samedi, local ouvert tous les jours | 5, rue Rabaut-St-Etienne | P. GROS, Les Cèdres, ruelle des Tr[ois] Piliers, rue de Sauve.<br>Ch. SCHNEIDER, Secrétaire général |

| Localités | | Jours de réunion | Adresses | Président ou Correspondant |
|---|---|---|---|---|
| pignan (Pyr.-Orient.) | | Jeudi | 1, rue du Temple | Pᵉ Leenhardt, 34, av. du Vernet. |
| Ambroix (Gard) | | Vendredi | Au Temple | A. Bernard, 3, rue de Graveirol. |
| Hippolyte-du-Fort (Gard) | | Mardi | Rue Argenterie | |
| Jean-de-Maruéjols (Gard) | | Dimanche | | |
| Jean-du-Gard (Gard) | E. U. | Mardi, Mercredi | Grand'Rue | A. Mercoiret. |
| | S. C. | Samedi | | |
| rnac (Gard) | S. C. | Jeudi, Dimanche | | A. Clot, à Piedpalet, à Tornac. |
| Vigan (Gard) | | Mercredi, Vendredi, Samedi | 45, rue La Condamine | B. Soulier, villa des Pins, r. La Condamine. |

<div style="text-align:center">~~~~~~~~~~</div>

# GROUPE DE HAUTE-NORMANDIE

## 7 UNIONS

Président : M. Robert Lafaurie, 32, rue Félix-Faure, Le Havre (Seine-Inférieure)

| Localités | | Jours de réunion | Adresses | Président ou Correspondant |
|---|---|---|---|---|
| olbec (Seine-Inf.) | | Lundi | Au Temple | E. Pillon, 8, rue Jean-Macé. |
| ieppe (Seine-Inf.) | | Jeudi | Rue Richard-Simon | M. Poullain. |
| beuf (Seine-Inf.) | | | 1, rue du Havre | Pᵉ Martin, 8, rue A.-Hulme. |
| e Havre (Seine-Inf.) | E. U. S. C. | Mercredi, Samedi, local ouvert tous les jours | 9, rue Lord Kitchener | Rob. Lafaurie, 32, r. Félix-Faure. Pᵉ Lheureux, rue Alsace-Lorraine. |
| llebonne (Seine-Inf.) | | | | |
| ouen R. D. (Seine-Inf.) | E. U. | Mercredi | Local du Foyer du Soldat, pl. des Carmes | M. Guyon, 17, rue de la Chaîne. |
| ouen R. G. (Seine-Inf.) | | Jeudi | 7, rue Lair | R. Du Pasquier, 7, r. Petite-Louette. |

<div style="text-align:center">~~~~~~~~~~</div>

## GROUPE DU NORD
### 21 UNIONS

*Président :* M. H. BRICOUT, 13, rue de St-Quentin, Quiévy (Nord)


| Localités | | Jours de réunion | Adresses | Président ou Correspondant |
|---|---|---|---|---|
| Amiens (Somme) | | | 45, rue de Metz | |
| Bruay (Pas-de-Calais) | | Dimanche, Mardi et Samedi | Rue des Escaliers | P. MAES, 67, rue des Tombelles. |
| Caudry (Nord) | | Jeudi, Dimanche après-midi | | J. JACQUEMIN, 28 *bis*, rue Vaucans... |
| Croix (Nord) | | | | C. MASCART, 101, rue de l'Ermitage |
| Denain (Nord) | | | 49, rue de Paris | M. FARELLY. |
| Fives-Lille (Nord) | E. U | Dimanche apr.-midi, Jeudi | 165, r. Pierre-Legrand, Foyer du Peuple. | C. VALLÉE, 95, r. Dordin, à Hellemmes, L |
| Hénin-Liélard (P.-de-C.) | E. U. | | | A. BEIGBEDER, Ing. à la C^ie des Min |
| Landouzy-la-Ville (Aisne) | | | | Elisée LAVENANT, rue des Bœufs. |
| Lemé (Aisne) | | Mercredi | | E. PANTET, directeur de l'Orphelin |
| Lens (Pas-de-Calais) | | | | |
| Liévin (Pas-de-Calais) | | | Au Temple | A. AESCHIMANN. |
| Lille (Nord) | E. U. | | 68, rue du Marché | P^r BOSC, 10, rue des Meuniers. |
| Maubeuge (Nord) | E. U., S. C. | Jeudi, Dimanche | | L. LATTE, 129, faub. St-Quentin. |
| Parfondeval (Aisne) | | 2^e et 4^e dimanche. | | E. BISSEUX. |
| Quiévrechain (Nord) | | | | J. VARVENNE, 22, r. des Glacis, Baraq ment, Plaine de Mons, Valencienn |
| Quiévy (Nord) | E. U. | Lundi, Mercredi et Dimanche | 23, rue de Bayon | H. BRICOUT, 13, rue de St-Quentin. |
| Roubaix (Nord) | E. U. | | 41, rue des Arts | P^r PARADON. |
| St-Quentin (Aisne) | E. U. | Jeudi | 62, rue Calixte-Souplet | Arthur MEUNIER. |
| Sin-le-Noble (Nord) | S. C. | Dimanche | 52, rue de Montigny | J.-B. DURATILLON. |
| Valenciennes (Nord) | E. U. | Dimanche apr.-midi. | 66, rue de Paris | A. CARLIER, 37, rue de Ponchel. |
| Walincourt (Nord) | S. C. | Jeudi, Dimanche | | B. CATTELAIN, 20, rue Gambetta. |

# GROUPE DU NORD-EST

## 6 UNIONS

*Président :* M. Camille MARCHAL, 11, rue Boulay-de-la-Meurthe, à Épinal (Vosges)

| Localités | Jours de réunion | Adresses | Président ou Correspondant |
|---|---|---|---|
| inal (Vosges)............. | E. U. | 28, rue de la Préfecture....... | J. TONDRE, rue Bel-Air. |
| néville (M. et-M.)....... | E. U. | 10, rue Jeanne-d'Arc.......... | KOEST, Pasteur. |
| ncy { aînés............. | | Mardi, tous les 15 jours...... | SCHÜLLER, 55 *bis*, rue Isabey. |
| { jeunes gens ..... | E. U. | Mercredi ...... Au Foyer, 11 *bis*, r. Joli-Cœur. | RITZENTHALER, 20, Chemin de Liverdun. |
| miremont (Vosges)..... | | | |
| Dié (Vosges)............. | | 10, rue du Casino............ | A. WEICK, rue Thiers. |
| aon-les-Vosges { aînés.... | | Vendredi...... | SCHÜLLER, 73, rue de la Gare. |
| { jeunes gens | E. U. | Jeudi .......... | E. JUTEAU. |

# GROUPE DE L'OUEST

## 27 UNIONS

*Président :* M. Ernest MEYER, 8, avenue Carnot, La Rochelle (Ch.-Inf.)

| Localités | Jours de réunion | Adresses | Président ou Correspondant |
|---|---|---|---|
| ulnay-de-Saintonge (Ch.-I.) | | Au presbytère............... | |
| reuillet (Ch.-Inf. ......... | | | P' LAUNE. |
| aillevette (Ch.-Inf.)...... | | | L. DESCLOUDS. |
| ncy (Deux-Sèvres) ...... | | | |
| gnac (Charente) ........ | | 7, rue Camille-Godard ....... | |
| uhé (Vienne)............ | | | |

| Localités | Jours de réunion | Adresses | Président ou Correspondant |
|---|---|---|---|
| Exoudun (Deux-Sèvres) | S. C., E. U. Dimanche | Local de l'Union | P' RIVIERRE, à Exoudun, p' La Moth Ste-Héraye (Deux-Sèvres) |
| Foussais (Vendée) | | Au Temple | |
| Madranges (Corrèze) | | | M. BARRAL. |
| Matha (Ch.-Inf.) | | | |
| Moncoutant (Deux-Sèv.) | Vendredi | Près de la gare | Léopold GRELLIER. |
| Mouilleron-en-Pareds (Ven.) | | | PAQUIER, Luxembourg p. Mouilleron-en-Pareds |
| Nantes-Ville (Loire-Inf.) | Samedi | 1, rue de Gigant | H. COUCHOUD, 51, avenue du Coteau |
| Nantes-Fraternité | E. U. Samedi | 5, rue Amiral-Duchaffault | H. GARNIER. |
| Pouzauges (Vendée) | | | |
| Rochefort (Ch.-Inf.) | E. U. Samedi | 17, rue Martron | MILLOT, 57, rue Emile-Zola. |
| La Rochelle (Ch.-Inf.) | E. U. Jeudi | 11, rue de l'Escale | E. MEYER, 8, avenue Carnot. |
| Rom (Deux-Sèvres) | | | P' ESCANDE. |
| Rouillac (Charente) | | Au Temple | |
| Saintes (Ch.-Inf.) | Jeudi | 2, Cours Reverseaux | A. WIDMER, 86, cours Lemercier. |
| Sepvret (Deux-Sèvres) | | Sepvret par Melle | |
| St-Maixent (Deux-Sèvres) | | | P' FAIVRE. |
| Tours (Indre-et-Loire) | Jeudi, dimanche | 32, rue de la Préfecture | Ch. LARDET, 24, rue Lakanal. |
| Vançais (Deux-Sèvres) | | Vançais par Lezay | M. MOUGON. |
| Verrines (Deux-Sèvres) | E. U., S. C. Dimanche | Verrines par Celles-s.-Belle | S. INGRAND. |
| Villefagnan (Charente) | | | |
| Villefavard (Hte-Vienne) | | | A. MORCH. |

# GROUPE DU PAYS DE MONTBÉLIARD

## 10 UNIONS

Président : M. G. MÉTIN, 14, rue Pasteur, Valentigney (Doubs)

| Localités | Jours de réunion | Adresses | Président ou Correspondant |
|---|---|---|---|
| Beaucourt (Ht-Rhin) | E. U., S. C. Mardi | Maison Madeleine | P' A. MEYER. |
| Belfort (Ht-Rhin) | E. U. Mardi | 4, rue Kléber | HUCK, 36, rue de l'Industrie. |

| Localités | | Jours de réunion | Adresses | Président ou Correspondant |
|---|---|---|---|---|
| ançon (Doubs) | S. C. | Mercredi | Au Temple | R. MEYLAN, 17, rue de la Mouillère. |
| imoncourt (Doubs) | S. C. | Lundi, mercredi | Salle Marie-Fallot | Pr LHOSTE. |
| lières-Glay (Doubs) | | | | |
| atbéliard (Doubs) | E. U. | | Rue de la Chapelle Évangél. | |
| tarlier (Doubs) | | Jeudi | Rue des Remparts | BOURQUIN, 43 bis, route de Besançon. |
| hes-lès-Blamont (Doubs) | | | | Pr FLICK. |
| ncourt (Doubs) | E. U. | Jeudi | 20, rue Viette | H. LEVIN. |
| entigney (Doubs) | S. C. | Vendredi, local ouvert tous les soirs | 29, rue des Glaces | Pr L. AHNNE. |

# GROUPE DU RHONE & LOIRE

## 7 UNIONS

*Secrétaire :* M. A. TREMBLAY, 2, boulevard Bernand, à Villefranche-sur-Saône (Rhône)

| Localités | | Jours de réunion | Adresses | Président ou Correspondant |
|---|---|---|---|---|
| Creusot (S.-et-L.) | | Mercredi | 32, rue de Nevers | JOUFFREY, Pont du Souci, Maison Loubié, rue de Lorraine. |
| enoble (Isère) | S. C. | Mercredi | 5, rue Aubert-du-Bayet | Pr ARNAL, 32, avenue Félix-Viallet. |
| on (Rhône) | E. U. | Vendredi | Passage Coste, 5, Cours Lafayette | E. MAYER, 5, rue Bournes. |
| ns (Isère) | | | | Sous la direction de l'École Modèle de Mens. |
| anne (Loire) | | | 23, rue du Phénix | MONTEIL, 42, rue d'Urfé. |
| Étienne (Loire) | E. U. | | 19, Grand'Rue de la Providence | P. VERRON, 29, rue de la République. |
| lefranche-s.-Saône (R.) | E. U. | Vendredi | Château d'Eau | A. TREMBLAY, 2, boulevard Bernand. |

# GROUPE DE LA SEINE

## 43 UNIONS

Président : M. Roger MERLIN, 28, rue Guynemer, Paris (6ᵉ)
Secrétaire général : M. Eug. KIÈS, 246, Faubourg St-Antoine, Paris (12ᵉ)

| Localités | Jours de réunion | | Adresses | Président ou Correspondant |
|---|---|---|---|---|
| **Secteur NORD** | | | | |
| Argenteuil (Seine) | | Mercredi | Au Temple | P. ANSTETT, 1, boulevard Thiers. |
| Clichy (Seine) | | Jeudi | 15, rue Klock | Pʳ MAROGER, 5, rue Gobert. |
| Enghien (Seine-et-Oise) | E. U. | Jeudi | 155, route de St-Leu | H. VANDEVENTER, 90 *bis*, rue de République, à Ermont. |
| Pantin (4-Chemins) | | | 28, rue des Ecoles | |
| Paris-Ascension | E. U. | Vendredi | 49, rue Dulong | Pʳ SCHAFFNER, 7, r. du Printemps (18ᵉ) |
| Paris-Montmartre | E. U. | Jeudi | 129, rue Marcadet | F. WEBER, 2, rue Ch.-Nodier (18ᵉ). |
| St-Denis (Seine) | | Mercredi | 12, rue des Chaumettes | G. LE VU, 12, rue du Saule-Fleu, Ile-St-Denis (Seine). |
| **Secteur NORD-OUEST** | | | | |
| Asnières (Seine) | | Samedi | 7, rue Moriceau | J. CASALIS. |
| Paris-Batignolles (17ᵉ) | E. U. | Mardi | 37, rue Lacroix | P. BALLIET, 109, rue des Moines. |
| Levallois (Seine) | E. U. | Vendredi | 69, rue de Cormeille | G. GARCIA, 2, rue Marjolin. |
| Neuilly (Seine) | E. U. | Jeudi | 60, rue Perronnet | G. HAAS, 10, rue Pierret. |
| **Secteur SUD-OUEST** | | | | |
| Paris-Auteuil | E. U. | Vendredi | 29, rue Boileau | L. BRUNET, 97, boul. de Montmorenc |
| Boulogne-s.-Seine | E. U. | Mercredi | 11, rue du Château | Ch. POIZET, 221, rue Général-Galllén |
| Passy-Lekain | E. U. | | 3, rue Lekain | P. PATIN, 32, r. Desbordes-Valmore (1 |
| St-Germain-en-Laye | E. U. | Mardi | 10, rue de la Salle | FAVIER, 10, rue de la Salle. |
| Sèvres (Seine-et-Oise) | E. U. | Samedi | 9, rue Brongniard | L. JAULMES, 18, av. Henri-Regnault. |
| Versailles (S.-et-Oise) | E. U. | Mercredi | 11, rue du Peintre-Lebrun | LEMOINE, 5, avenue de Paris. |

## Secteur du CENTRE

| | | | | |
|---|---|---|---|---|
| aris-Central | E. U. | Tous les jours et spéc. le Mardi | 14, rue de Trévise | P. Monod, 73, rue de Courcelles. Léon Peyric, Secrétaire général. |

## Secteur SUD-RIVE GAUCHE

| | | | | |
|---|---|---|---|---|
| aris-Avenue du Maine | | Dimanche soir. | 123, av. du Maine | A. Beguin, 1, rue du Texel (14e). |
| rand-Montrouge (Seine) | E. U. | | 22, rue de Fontenay | L. Moret, 148, route de Montrouge, à Gentilly (Seine). |
| aris-Grenelle | | Samedi | 15, rue de l'Avre | Leberre, 102, boulevard Arago. |
| ry (Seine) | | Dimanche | 8, rue de la Montagne | P. Sillet, 45, r. Danicourt, Malakoff. |
| aris-Plaisance | E. U. | Samedi | 32, passage des Thermopyles. | R. Lauverjat, 14, r. Stanislas (6e). |
| — Port-Royal | E. U. | | 18, boulevard Arago | |
| — St-Marcel | E. U. | Dimanche | 2, rue Pierre-Nicole | Pr P. Schmidt, 7, rue Michelet (6e). |

## Secteur EST

| | | | | |
|---|---|---|---|---|
| aris-Bercy | | Jeudi | 7, rue de La Lancette | Paradon, 37, rue du Port-de-Bercy. |
| — Belleville | E. U. | Mardi | 3, rue Clavel | R. Faïsse, 369, rue des Pyrénées. |
| — Billettes | | Jeudi | 24, rue des Archives | G. Wiedemann, 3, r. des Moines (17e). |
| — Fg S.-Antoine {Bon-Secours. Ste-Marie...} | E. U. | Jeudi | 295, Faubourg St-Antoine | L. Lortie, 135, boul. Diderot (12e). |
| — La Villette | | Samedi | 268, Faubourg St-Martin | R. Coraï, 32, rue des Annelets. |
| — Ledru-Rollin | | Jeudi | 153, avenue Ledru-Rollin | A. Muller, 9, rue St-Bernard (11e). |
| e Raincy | | Dimanche | Allée de l'Ermitage | M. Bonniol, 79, r. Carnot, à Noisy-le-Sec. |
| aris-Pierre-Levée-St-Maur | | Jeudi | 1, rue Pierre-Levée | P. Koenig, 1, r. du Marché-Popincourt. |
| — Ste-Marie | | Mercredi | 15, rue Castex | Rainaud, 7, boulevard Beaumarchais. |
| incennes (Seine) | E. U. | Samedi | 12, rue Monmory | D. Barbe, 12, rue Eugénie, St-Mandé. |

## Grande Banlieue, Province

| | | | |
|---|---|---|---|
| ontainebleau (S.-et-M.) | | | Pr P. Guiraud. 2, rue du Bois. |
| ontargis (Loiret) | | | Pr Margreth, 23, rue Gambetta. |
| emours (S.-et-M.) | | | Pr J. Cooreman, 7, r. du Dr-Dumée. |
| rléans (Loiret) | | 1, rue Parisic | M. Liénard, à St-Jean-de-Braye (Loire). |
| eims (Marne) | Dimanche apr.-midi | 11, rue des Templiers | Paul Grandjean, 29, rue Bruyant. |
| ennes (Ille-et-Vilaine) | | 17, boulevard de la Liberté | Yves Zwingelstein, 34, pl. des Lices. |
| ens (Yonne) | | | P. Giffard, 5 bis, rue de l'Ecrivain. |
| royes (Aube) | | | Th. Guillou, 8, r. de la République. |

Le Comité du Groupe de la Seine poursuit la création d'Unions Chrétiennes ou de Troupes d'Eclaireurs Unionistes, a Sections Cadettes particulièrement dans toutes les Eglises ou Œuvres d'Evangélisation de son ressort.
Pour renseignements et visites écrire au Secrétaire Général : M. Eug. Krès, 246, Faub. St-Antoine, Paris (12e).

*Unions non rattachées à l'Alliance et Troupes d'Eclaireurs Unionistes situées dans des localités qui n'ont pas d'Union Chrétienne, avec lesquelles le Comité du Groupe de la Seine est en relations.*

**Secteur Nord.** St-Paul, E. U. (Jeudi), 90, boulevard Barbès. Pᵉ P. PFENDER, 78, boul. Barbès (18ᵉ).

**Secteur Nord-Ouest.** Etoile, E. U., 56, av. de la Grande-Armée. J. SEYRIG, 147, av. de Wagram (17ᵉ).
Gennevilliers, E. U. (Samedi). J. CASALIS, 7, r. Mauriceau, à Asnières (Seine).
Puteaux (Seine), U. C., 3, rue Arago. Pᵉ RITZ, 7, rue Charles-Lorilleux.
Courbevoie (Seine), U. C., 30, rue Kilford. H. HOFFMAN, 11, rue de la Station.

**Secteur Sud-Ouest.** Poissy (Seine-et-Oise), E. U. A. THIÉBAUT, 11, rue Albert-Joly, à Poissy.

**Secteur du Centre.** Milton, E. U., 20, rue Hipp.-Lebas. BLAISIN, 120, rue des Moines (17ᵉ).
Rédemption, E. U., 16, rue Chauchat. Ed. DE BILLY, 49, rue de Lisbonne.
Chapelle du Nord, U. C. (Mercredi), 17, rue des Petits-Hôtels.

**Secteur Sud-Rive gauche.** Pentemont, U. C. (Samedi), 106, rue de Grenelle. Ch. CAULERU, 187, rue de Grenelle.
St-Jean-Résurrection, U. C. et E. U. (Lundi), 8, rue Quinault. Pᵉ BOURY.
Clamart, U. C., au Temple, rue du Moulin de Pierre. FINES, 59, rue Denis-Gogne.

**Secteur Est.** Béthanie, U. C., 185, rue des Pyrénées. LOMBARD fils, 8, rue Jules-Siegfried (20ᵉ).
Ménilmontant, U. C. (Vendredi), 6, rue Etienne-Dollet. Pᵉ L. APPIA, 242 *bis*, rue des Pyrénées (20ᵉ).
Parc St-Maur, U. C., 44, avenue Beauséjour. Pᵉ SAINT-AFRIQUE, 21, av. du Rocher.
Charenton (Seine), U. C., 12, rue Guérin. Pᵉ OULÈS.

**Grande Banlieue, Province.** Compiègne (Oise), U. C. André DELAPORTE.
Melun (Seine-et-Marne), E. U. Pᵉ J. BIANQUIS, 24, rue du Palais de Justice.
Nanteuil-les-Meaux (Seine-et-Marne), E. U. Pᵉ GUIBAL

## GROUPE DU SUD-EST

### 9 UNIONS

*Président :* P<sup>r</sup> Georges BENIGNUS, 10, rue La Pérouse, à Valence (Drôme)
*Secrétaire général :* M. Albert LÉo (*Entrera en fonctions au cours de l'été 1920*)

| Localités | Jours de réunion | Adresses | Président ou Correspondant |
|---|---|---|---|
| nnonay (Ardèche)...... | | | P<sup>r</sup> BESSON, 8, rue Sadi-Carnot. |
| ourdeaux (Drôme)....... | Dimanche..... | | E. RASPAIL, La Montagne par Bourdeaux (Drôme). |
| e Chambon - de - Tence (Hte-Loire)............ | | | E. RIOU. |
| amastre (Ardèche)....... | | | J. BERTHIER, quincaillerie, pl. Signobos. |
| oriol (Drôme)........... | Dimanche..... | | P<sup>r</sup> Maur. LACHERET. |
| yons (Drôme) ........... | | Au Temple, route de Montélimar.. | |
| -Fortunat (Ardèche).... | | | |
| alence (Drôme)......... | E. U., S. C. Mercredi ...... | Foyer protestant, rue Balzac.. | P<sup>r</sup> G. BENIGNUS, 10, rue La Pérouse. |
| allon (Ardèche)... ... . | | | |

## GROUPE DU SUD-OUEST

### 8 UNIONS

*Président :* Professeur H. DEVAUX, 44, rue Millière, Bordeaux (Gironde)

| Localités | Jours de réunion | Adresses | Président ou Correspondant |
|---|---|---|---|
| ergerac (Dordogne)..... | | Salle des Conférences, r. Thiers. | |
| ordeaux (Gironde)....... | E. U. Mercredi ...... | 5, rue du Temple............. | M. KRESSMANN, 107, rue de la Course. |
| es Briands (Gironde).... | | Par Ste-Foy-la-Grande........ | M. BIOT. |
| herveix-Cubas (Dord.)... | | | |
| au (Bas.-Pyr.).......... | E. U. | 7, rue de Ségure............. | |
| ort-Ste-Foy (Dord.)...... | | Par Ste-Foy-la-Grande (Gironde) | |
| St-Antoine-de-Breuilh (Dord.) | | | |
| Salies-de-Béarn (B.-Pyr.).. | | Place du Temple............. | G. DE ST-ETIENNE. |

# GROUPE DES COLONIES

## 4 UNIONS

| Localités | Adresses | | Président ou Correspondant |
|---|---|---|---|
| Haïphong (Tonkin)............ ........ | Au Temple, boul. Félix-Faure ....... | | S'informer auprès du Pasteur |
| Hanoï (Tonkin)....................... | — | 61, boul. Emile-Courbet. | — — |
| Saïgon (Cochinchine)................. | — | 2, boul. Norodon........ | — — |
| Tunis (Tunisie)...................... | — | 36, rue d'Italie.......... | — — |

**En instance de rattachement :** Alger, 22, rue du D<sup>r</sup> Trolard, *Président*, A. PARLIER, 6, rue Ménerville.

### Quelques adresses d'Unions de langue française à l'étranger :

Bruxelles (Belgique), 11-13, rue Ernest-Allard.  
Londres W. C. (Angleterre), Tottenhamcourt-Road.

Genève (Suisse , 3, rue Général Dufour.  
New-York (Etats-Unis), 109, West, 54th Street.

# Groupe de la Seine

## Son Bureau

*Président d'honneur :* J. GALTIER ; *Président :* Roger MERLIN ; *Vice-Présidents :* Louis BRUNET, Ed. RANDEGGER ; *Trésorier :* R. D'AMBOIX DE LARBONT ; *Trésorier-adjoint :* Paul PATIN ; *Secrétaire :* J.-René TERRIER ; *Secrétaire-adjoint :* F. WEBER.

**Secrétaire général :** Eugène KIÈS, 246, rue du faubourg St-Antoine, Paris (12e). Il reçoit les Mardi et Samedi après-midi ; les autres jours sur rendez-vous. Lui adresser toute correspondance concernant le Groupe de la Seine.

## Organisation des Activités

Commission de propagande du *Secteur Nord* : Président, M. F. WEBER, 2, rue Charles-Nodier, Paris (18e).

Commission de propagande du *Secteur Nord-Ouest* : Président, M. H. AMIER, 35, rue Brochant, Paris (17e).

Commission de propagande du *Secteur Sud-Ouest* : Président, M. L. BRUNET, 97, Bd Montmorency, Paris (16e).

Commission de propagande du *Secteur Sud-Rive-Gauche* : Président, M. A. BEGUIN, 1, rue de Texel, Paris (14e).

Commission de propagande du *Secteur Est* : Président, M. Ed. RANDEGGER, 57, avenue Marigny, Vincennes.

Commission des Éclaireurs-Unionistes et Sections Cadettes : Président, M. Ed. RANDEGGER ; Commissaire Régional, M. Ch. BONNAMAUX, 80, rue Laugier, Paris.

Commission d'Éducation physique (Sports, Excursions, Camping) : Président, M. H. PERSSON, 8, rue Hector-Malot, Paris (12e).

---

Les U. C. J. G. du département de la Seine et des départements voisins, reçues, sur leur demande, dans l'Alliance Nationale des U. C., forment le Groupe Régional de la Seine.

Le Groupe de la Seine est dirigé par un Comité Régional ou Comité de Groupe, composé par les délégués de chaque Union.

Le **Comité de Groupe**, par son secrétariat et le concours plus particulier de son Secrétaire général, est un centre de ralliement, d'information et d'organisation de l'action.

Sans intervenir dans l'organisation intérieure des Unions, le Comité de Groupe les visite, les conseille et prend l'initiative de toutes les manifestations unionistes les plus diverses et d'un intérêt général : *Cours pour la formation des Militants Unionistes, Fêtes de jeunesse, Journées de Retraite, Manifestations Sportives, Réunions d'Eclaireurs-Unionistes, Congrès,* etc.

Par sa **Maison de Vacances**, située à Chaintréauville, près Nemours, il poursuit en faveur des membres des Unions et des jeunes gens de nos Eglises, une Œuvre de vacance des plus appréciée. La Maison de vacances est ouverte pendant les mois de juillet, août et septembre. Prix de la pension en 1919, 6 à 7 francs par jour. Renseignements complémentaires et inscriptions auprès du Secrétaire général, M. Eugène Kiès, 246, rue du Faubourg St-Antoine, Paris (12e).

Un **Camp d'Etudes et de Vacances pour les Militants** y sera à nouveau organisé dans la 1re semaine de septembre 1920, sous la présidence de M. Freddy *Dürrleman*, membre de notre Comité et secrétaire général du Comité d'Union pour l'Action Missionnaire en France.

Par ses services d'**Accueil Fraternel**, de **Placement** et d'**Apprentissage**, le Comité de Groupe, avec le concours de son Secrétaire général, de Commissaires spéciaux et particulièrement de M. D. *Mercier*, directeur de l'Œuvre d'apprentissage, Maison ouvrière, 4, rue Titon, Paris (11e), se tient à la disposition des jeunes, des isolés, des Unionistes venant de Province pour les conseiller, les entourer et les aider dans le choix d'un emploi ou d'une carrière.

Par son **Association des Ménages Unionistes** le Comité de Groupe a pour but de continuer à intéresser aux Unions les Unionistes mariés, de développer entre les ménages unionistes des liens d'amitié et de se préoccuper des problèmes intéressant la famille.

Voir, dans l'ESPÉRANCE, *les Pages du Groupe de la Seine,* pour tout renseignement complémentaire sur l'activité du Groupe.

# En Alsace et en Lorraine

Le mouvement unioniste y est en bonne voie de réorganisation et nos camarades d'Alsace et de Lorraine savent avec quelle joie nous saluons leur retour dans la grande famille française. Le secrétaire général du Comité national s'est rendu en Alsace pour les visiter au nom de l'Alliance française, et des représentants des U. C. d'Alsace ont été reçus à Paris par le Comité national.

Les Unions y sont nombreuses ; mais comme, au 1er janvier 1920, elles n'étaient pas encore officiellement reconstituées, il ne nous est pas possible d'en donner ici une liste complète.

En attendant, pour permettre aux unionistes se rendant en Alsace et en Lorraine, d'entrer en contact avec nos camarades, nous publions ci-dessous l'adresse des différentes Unions existant à Strasbourg, Mulhouse, Colmar et Metz, nous réservant de donner l'année prochaine la composition du Groupe régional et la liste exacte des Unions se rattachant officiellement à l'Alliance.

STRASBOURG. 1°) 8, Fossé des Treize. — *Président :* M. D. Murbach. — *Secrétaire général :* M. L. Ottmann. — *Président de la Section de langue française :* M. J. Kopp.

2°) Place Saint-Pierre-le-Jeune : *Président :* M. le Pasteur Teutsch.

MULHOUSE. 1°) U. C. de langue française : 18, Rue d'Alsace. *Président :* M. R. Muller. — *Vice-Président :* M. le Pasteur Schrumpf.

2°) U. C. de langue allemande : 12, Rue d'Alsace. *Président :* M. le Pasteur Lickel.

COLMAR.  1°) 2, Rue du Chemin-de-fer-de-la-Vallée. *Président :* M. le Pasteur Jaeglé.

2°) 4, Petite Rue des Blés. — *Président :* M. Walter.

METZ.  Au Temple-Neuf. — *Président :* M. R. Gangloff.

Signalons aussi la reconstitution des Unions de langue française du Ban-de-la-Roche, avec lesquelles nos U. C. du Nord avaient, avant la guerre, des rencontres annuelles dans les Vosges. ROTHAU, avec M. Jost, qui a été emprisonné et déporté par les Allemands à cause de ses relations antérieures avec les U. C. françaises et du coq gaulois de sa troupe d'Eclaireurs unionistes ; WALDERSBACH, avec M. le Pasteur Herzog, ont repris leur activité.

———

# Pour les Militaires

Une Commission nommée par le Comité National s'occupe des Unionistes sous les drapeaux, publie à leur usage une feuille spéciale, correspond avec eux et les met en rapports avec l'Union de la localité où ils sont en garnison.

Prière de signaler au Comité National, 46, rue de Provence, Paris, 9ᵉ, l'adresse des militaires Unionistes de la classe 1920 et celle des Unionistes de la classe 1919 actuellement sous les drapeaux, afin de lui permettre de remettre ses listes à jour.

# CONTRASTES

(Dessins de E. Martin).

## En retard !

Le trésorier. — *Que voulez-vous ! tout a augmenté... excepté les cotisations de nos membres.*

## Avec le sourire !

Le trésorier. — *Approcher donc, Messieurs ! Vos factures ont beau avoir triplé, les Unionistes ont su remplir mon sac !*

# UNION CHRÉTIENNE DE JEUNES GENS DE PARIS
## *14, rue de Trévise (9ᶜ)*

UNION FONDÉE EN 1852
*Médaille d'or* : Exposition Universelle, Paris 1889
*Grand Prix* : Londres 1908, Bruxelles 1910, Roubaix 1911, Gand 1913

**Téléphone** : Gutenberg 17-17
*Nord-Sud* : Notre-Dame de Lorette
*Métro* : La Bourse et Cadet

*Président* : M. P. MONOD     *Secrétaire général* : M. L. PEYRIC
*Secrétaires-adjoints* : M. L. MARSAUCHE et J. GUÉRIN-DESJARDINS
*Directeur des Exercices physiques* : N. BAUDINOT

**L'Union est ouverte** : En semaine, de 10 heures à 22 heures 30.
Le dimanche, de 14 heures à 22 heures 30.

*La Caisse est ouverte* : Tous les jours, sauf le Dimanche, de 11 heures à 15 heures et de 17 heures à 21 heures.

**Le Secrétaire général reçoit** les lundi, mercredi et vendredi de 10 heures à midi.

## COTISATIONS. — AVANTAGES OFFERTS

**La cotisation annuelle de 18 francs donne droit à :**
Salles de lecture, de conversation, de musique, de correspondance.
Conférences littéraires, scientifiques, économiques.
Soirées musicales et récréatives. — Bibliothèque (8.000 vol. — Prêt à domicile)
Réunions religieuses, Etudes bibliques.
Consultations médicales. — Service de placement.
Abonnement à l'*Espérance*.

**Le ticket de 36 fr. ajouté à la cotisation (=54 fr.) donne droit sans frais à :**

Leçons de gymnastique. — Basket-Ball. — Disposition du gymnase.
Groupes sportif, philharmonique, littéraire, choral.
Cours du soir. — Langues vivantes, etc...

**et pour un prix réduit à :**

Natation. — Disposition de la piscine. — Salles de Bain
Billard. — Jeux de Quilles. — Tir réduit
Chambres meublées. — Restaurant coopératif (Repas : 3 fr.)

**Carte de fréquentation temporaire :** (Tous avantages sauf bibliothèque)
5 fr. par mois, minimum 3 mois.

Les Unionistes appartenant aux Unions du Groupe de la Seine et qui veulent profiter des avantages de l'**Union de Paris** peuvent le faire en payant la différence entre 54 fr. (prix de la cotisation et du ticket de l'U. P.) et le prix de la cotisation qu'ils paient dans leur Union — cette différence ne pouvant jamais être moindre que 49 francs.

*On peut visiter tous les jours (de préférence le soir de 20 heures à 22 h. 30)*

**Pour les jeunes garçons** de 11 à 16 ans,
**Section Cadette** et **Troupe d'Eclaireurs**

Réunions et sorties le jeudi et le dimanche après-midi
Gymnastique. — Natation. — Travaux manuels

Cotisation annuelle: **4 fr. 20**      Leçons de gymnastique et de natation : **24 fr.**

# U. C. J. G. DE VINCENNES

## FOYER DE LA JEUNESSE PROTESTANTE
### 12, Rue Montmory — VINCENNES

Mardi   soir 8 h. 1/4 : *Réunion d'Études bibliques.*
Jeudi     — 8 h.       *Réunion pour les Éclaireurs.*
Samedi — 6 h.       *Cours d'anglais.*
  —      — 8 h.       *Réunion des Jeunes. Études diverses.*
Dim. 2ᵉ et 4ᵉ, de 2 à 6 h. : *Éclaireurs, Cadets.*
Dernier dim. du mois : *Soirée familiale.*
SECTION DE LA LIGUE NAT ONALE ANTIALCOOLIQUE
Renseignements à M. J. GALTIER, 62, av. Aubert, VINCENNES.

# U. C. J. G.
## de MAZAMET (Tarn)
### AVENUE ALBERT-ROUVIÈRE
*Ouverte de 20 à 22 h.*

Le Lundi, Étude biblique.

Le Jeudi, Section cadette, lecture, jeux, gymnastique.

Le Samedi, Soirée récréative, gymnastique.

Le Dimanche après-midi.

# U. C. J. G. de MARSEILLE
## 114, Rue de Rome

Local ouvert de 10 heures du matin à 10 h. 1/2 du soir.
*Réunions religieuses le Mercredi soir à 8 h, 3/4.*
Conférences publiques. Bibliothèque. Chambres meublées.
Groupe d'Étudiants et de Lycéens. Éclaireurs Unionistes.
**Bulletin mensuel**

# U. C. J. G. de St-JEAN-DU-GARD

*Mardi :* Réunion d'étude biblique.
*Mercredi :* Cours d'anglais.
*Jeudi :* Section cadette.
*Vendredi :* Réunion récréative.
*Samedi :* Cours de musique.
*1ᵉʳ dimanche du mois :* Séances d'affaires.
TROUPE D'ÉCLAIREURS. SECTION CADETTE. COURSES. EXCURSIONS.
Salle de lecture, conférences, causeries, fêtes,
réunions à la campagne.

# U. C. J. G. de PARIS-BATIGNOLLES

### BATIMENT : 37, rue Lacroix — (PARIS 17°).

*Président :* P. BALLIET ; *Secrétaire intérimaire :* G. DELLENBACH
*Trésorier :* S. FOUCHIER.

**Réunions :** MARDI, 20 h. 1/2 (Etudes Bibliques).
MERCREDI, 20 h. 1/2 (Eclaireurs).
VENDREDI, 20 h. 1/2 (Soirée récréative).

Causeries-Débats. — Conférences. — Projections. — Soirées littéraires et musicales.

BIBLIOTHÈQUE. — SALLE DE LECTURE ET DE CORRESPONDANCE

**Exercices physiques :** Gymnastique. — Excursions.

**Eclaireurs :** *Sorties le dimanche,* Manœuvres. Excursions. Camping, sous la direction de Jean BEIGBEDER et J. OST.

**Groupe d'Etudiants et Lycéens,** sous la direction de Jean WALTER. — Réunions récréatives et religieuses, Jeudi, 14 heures.

# U. C. J. G. DE PARIS FAUBOURG ST-ANTOINE

### *(BON-SECOURS, SAINTE-MARIE)*

### 295, Faubourg Saint-Antoine PARIS XI°

*(Métro :* NATION.)

### Réunions à 20 h. 30

**Lundi :** Cours d'anglais.
**Mercredi :** Culture physique.
**Jeudi :** Etudes bibliques, causeries-débats, conférences.
**Dimanche :** Conférences, soirées familiales.

**GROUPE SPORTIF :** le dimanche après-midi sur le terrain du Tremblay.

**TROUPES D'ÉCLAIREURS :** le samedi soir au local, le dimanche en sortie.

### CAMPING

*Le programme mensuel est envoyé gratuitement sur demande.*

# U. C. J. G. de PARIS-MONTMARTRE

### 127-129, Rue Marcadet, PARIS 18° (Nord-Sud : Joffrin)

**Salles de lecture -:- Jeux avec Billard -:- Bibliothéque**

**Gymnastique -:- Chambres meublées**

Locaux ouverts tous les soirs, (sauf le lundi) de 20 h. à 22 h. 30.

# L'U. C. J. G. de LEVALLOIS

### 69, RUE DE CORMEILLES

**Offre à tous :**

le *Vendredi :* Etudes bibliques, causeries, conférences sur tous sujets d'actualité ; le *Mardi :* Gymnastique avec agrès ; le *Dimanche :* Jeux, foot-ball, excursions et du travail à tous ceux qui veulent réaliser le programme des Unions. Dans le local : **Chambres meublées,** Restaurant populaire à 2 fr. 75 le repas sans vin. -:- Métro : *Champerret* :-

# La Fédération des Etudiants Chrétiens

### 46, rue de Provence, Paris 9e (Tél. Trud. : 58-60 et 58-77)

A côté de l'Alliance Nationale des Unions Chrétiennes, et poursuivant dans les milieux universitaires le même but que les Unions Chrétiennes, se trouve la Fédération des Etudiants Chrétiens. Elle s'efforce de grouper les étudiants qui, reconnaissant Jésus comme leur Sauveur et leur Maître, décident de conformer leur vie aux principes de l'Evangile et de les répandre autour d'eux à l'Université.

Malgré les pertes cruelles éprouvées pendant la guerre, nos Associations d'Etudiants sont partout réorganisées et trois nouveaux groupes viennent d'être fondés à Alger, Grenoble et Poitiers.

Après une réunion intime fin octobre à Versailles, les Etudiants et Etudiantes se sont réunis pour leur 1er Congrès d'après-guerre, le 15 février, à Montpellier.

Notre œuvre parmi les lycéens, modeste en 1914, compte maintenant 38 Groupes (plus de 450 membres). Ils ont tenu deux Congrès, en 1918 à Montpellier et en 1919 à Paris.

Les camps de vacances, recommencés en 1919, ont permis à 90 jeunes gens, étudiants et lycéens de reprendre des forces pour la tâche qui les attend, tâche énorme et urgente, mais pour laquelle ils sont décidés à donner le meilleur d'eux-mêmes.

## COMITÉ NATIONAL
### de la Fédération des Etudiants Chrétiens

*Président d'honneur :* M. le Professeur Raoul ALLIER.
*Président :* M. Albert DARTIGUE.
*Secrétaire général :* Pierre MAURY.
*Secrétaire générale pour les étudiantes :* Mlle S. BIDGRAIN.
*Secrétaire général pour les Lycéens :* M. Ernest MÖRCH.
*Secrétaire générale pour les Lycéennes :* Mlle L. PONT.

# Liste des Brochures

En vente à la Librairie de la Fédération des Etudiants Chrétiens
*46, rue de Provence, Paris*

*Les mandats doivent être établis au nom de Mlle Viguier*

| | PRIX | PORT |
|---|---|---|
| Les Volontaires du Christ (P. Maury) | 0 15 | + 0 05 |
| Ce que la Géologie et la Paléontologie nous apprennent sur l'origine de la vie (W. Kilian) | 0 05 | + 0 10 |
| Vers l'unité chrétienne (Ch. Grauss) | 0 40 | + 0 10 |
| L'Epître aux Galates (Lauriol) | 0 40 | + 0 05 |
| La Fédération française des Etudiants Chrétiens en 1912-13 (Ch. Grauss) | 0 40 | + 0 05 |
| Sous la tente (Ed. Maury) | 13 » | + 0 35 |
| L'Œuvre de la Fédération Universelle des Etudiants Chrétiens (R. Allier) | 0 80 | + 0 05 |
| Le Prophète Amos | 1 » | + 0 10 |
| XI<sup>e</sup> Congrès National de la Fédération Française, Montpellier 1910 | 2 50 | + 0 20 |
| La crise du logement et des habitations à bon marché (Merlin) | 1 30 | + 0 15 |
| La valeur sociale et l'organisation pratique de la Coopération de consommation en France (Lavergne) | 0 80 | + 0 10 |
| Le problème du mal (H. Bois) | 0 80 | + 0 15 |
| La vraie et la fausse éducation laïque (Richard) | 0 65 | + 0 05 |
| Une foi qui mène au doute (G. Boissonnas) | 0 40 | + 0 05 |
| La Fédération Française des Etudiants chrétiens et le problème missionnaire (Couve) | 0 40 | + 0 10 |
| La prière d'intercession (H. Bois) | 0 50 | + 0 10 |
| Qui est ma mère et qui sont mes frères? (W. Monod) | 0 40 | + 0 10 |
| Le Congrès de Constantinople (R. Collège) | 1 65 | + 0 30 |
| Le renouveau idéaliste et le protestantisme (Ch. Grauss) | 0 15 | + 0 05 |
| Le Programme des Volontaires du Christ (P. Maury) | 0 80 | + 0 10 |
| L'idée de Patrie (François de Witt-Guizot) | 0 40 | + 0 05 |

## BIOGRAPHIES

| | | |
|---|---|---|
| Roger Allier | | |
| Cahiers de Jean Klingebiel | 2 60 | + 0 15 |
| Ernest Chavey | 3 15 | + 0 15 |
| Simples pensées d'un brigadier | 2 50 | + 0 20 |
| Paul Landes, par Camille Leenhardt | 2 65 | + 0 15 |
| En suivant nos soldats de l'Ouest, par D<sup>r</sup> G. Veaux | 5 » | + 0 25 |
| L'Appel de nos Morts (Elie Gounelle) | 1 50 | + 0 10 |
| »         »         par 25 exemplaires | 1 25 | |
| »         »         par 100        » | L. » | |

# UNIONS CHRÉTIENNES DE JEUNES FILLES
## DE FRANCE

---

## COMITÉ NATIONAL

*Présidente :* Mme G. DE VÉDRINES, Villa Elysée, quai du Las, Toulon (Var).

*Vice-Présidentes :* Mlle BRUNETON, 10, rue Dautancourt, Paris ; Mlle ANNE, 33, rue des Petries, Maubeuge (Nord).

*Secrétaire Générale :* Mlle BERTSCH, 18, rue des Veaux, à Strasbourg (Bas-Rhin).

*Trésorière :* Mme DE BILLY, 49, rue de Lisbonne, Paris.

*Secrétaire du Comité National :* Mlle J. DELBRÜCK, 18, rue de Béthune, Versailles-Chesnay (S.-et-O.)

Permanence du Comité National des U. C. J. F., **4, rue de la Vrillière, Paris.**

**Foyers Unionistes pour jeunes filles :**

Paris : 9, rue Daunou.
Nîmes : rue Montjardin.
Bordeaux : 32, rue du Commandant-Arnould.
Strasbourg : 16, rue des Charpentiers.

**Maisons de vacances Unionistes pour jeunes filles :**

*Les Hirondelles :* Ste-Honorine-sur-Mer par Port-en-Bessin (Calvados).

*Meschers :* s'adresser à Mlle Maraude, 47, rue du Sablonnat, Bordeaux.

*La Falaise :* s'adresser à Mme Arbousse-Bastide, 31, Porte Gayolle, Boulogne-s.-Mer.

# Prix courant des fournitures pour Eclaireurs

*En vente au Comité National, 46, rue de Provence, Paris IX*

*Les mandats doivent être établis au nom de M. E. BARDE*

| | |
|---|---|
| Chemise jusqu'au n° 3)............................................ | 8 fr. » |
| — au-dessus.................... 12 fr. jusqu'à | 18 fr. 25 |
| Culotte kaki.................... prix marqué 17, 21 et | 22 fr. » |
| Ceinture cuir avec 2 mousquetons.................... | 6 fr. » |
| Chapeau éclaireur avec courroie....... ............... | 14 fr. » |
| — chef.................................... | (même prix) |
| Foulard 1 couleur.................................... | 2 fr. » |
| — 2 couleurs.................................... | 3 fr. 50 |
| Sac.................................... | 11 fr. 25 |
| Bidon, recouvert de drap.................................... | 8 fr. » |
| Courroies de bâton .................................... | 1 fr. 20 |
| Courroies bricoles .................................... | 4 fr. 50 |
| Courroie de Chapeau .................................... | 1 fr. 75 |
| Coqs drap .................................... | 0 fr. 20 |
| — métal tiges ou broches.................................... | 1 fr. 25 |
| Cartes « Loi de l'Eclaireur » .................... les 12 | 1 fr. » |
| Calendriers.............. 0.25; 20, 4 fr.; 50, 8.50; 100, | 15 fr. » |
| — « Signaux de l'Eclaireur ».................... | 2 fr. » |
| Cordelières 1 couleur kaki.................................... | 1 fr. » |
| — soie.................................... | 1 fr. 50 |
| — 2 couleurs.................................... | 1 fr. 50 |
| Cocardes tricolores, la pièce.................................... | 0 fr. 45 |
| — toutes couleurs.................................... | 0 fr. 65 |
| Bâton avec pointe.................................... | 2 fr. 25 |
| Seau toile.................................... | 9 fr. » |
| Pelle et Pioche.................................... | 5 fr. 75 |
| Etui.................................... | 2 fr. 25 |
| Hache et Marteau.................................... | 9 fr. » |
| Hachette blanche sans cuir.................................... | 8 fr. » |
| Bandes molletières.................................... | 4 fr. 90 |
| Bas coton kaki, à revers sans pied.................................... | 9 fr. 75 |
| — laine .................... 8 fr. et au-dessus |
| Sifflets chef.................................... | 2 fr. » |
| — éclaireur.................................... | 2 fr. 40 |

*Lanterne pliante*.................................... 4 fr. 90
*Tente*........................................... 125 fr. »
*Planchette à levées rapides*........................ 1 fr. 50

N. B. — Toutes les commandes d'insignes d'éclaireurs doivent être adressées au Comité National par l'intermédiaire du Chef de Troupe, ou d'un éclaireur officiellement chargé par celui-ci du service des commandes. Il n'est pas tenu compté des commandes émanant d'éclaireurs isolés. Les insignes ne seront vendus au magasin qu'aux éclaireurs présentant leur carte de l'année.

*Sauf mention contraire, les prix indiqués ci-dessus ne comprennent pas le port*

*Tous ces prix sont susceptibles de majorations, étant donnée la hausse subie en ce moment par les matières premières.*

# PUBLICATIONS POUR ÉCLAIREURS

*Les mandats doivent être établis au nom de M. E. BARDE*

|  |  | franco port |  |
|---|---|---|---|
| *Eclaireurs* (Baden-Powell) ................ | 3 fr. » | 3 fr. 40 |
| *Scouting for Boys* (Baden-Powell), en anglais | 5 fr. » | 5 fr. 40 |
| *Le Manuel de l'Eclaireur* (H. Bonnamaux).... | 2 fr. » | 2 fr. 30 |
| — — — relié | 3 fr. 50 | 3 fr. 80 |
| *Lonecraft* (Hargrave) ....................... | 3 fr. 50 | 3 fr. 85 |
| *Le livre des Louveteaux* (Baden-Powell)....... | 4 fr. » | 4 fr. 40 |
| *Le Système des patrouilles* (R. Philipps)...... | 0 fr. 60 | 0 fr. 75 |
| *Scouting Games* (Baden-Powell), en anglais .. | 2 fr. » | 2 fr. 30 |
| *Jeux d'Eclaireurs* (Loiseau)................... | 2 fr. 50 | 2 fr. 75 |
| *Jeux d'intérieur et de plein air* (par Kitty-Zentzer)................... | 4 fr. 50 | 4 fr. 85 |
| *Pour débuter* (Jean Beigbeder) ............. | 0 fr. 70 | 0 fr. 85 |
| *Rapport des American Boy-Scouts 1919*, en anglais...... | 1 fr. 25 | 1 fr. 65 |
| *Jésus-Christ, le Grand Eclaireur* (G. Dieny).. | 0 fr. 30 | 0 fr. 40 |
| *La Vocation du Chef Eclaireur* (G. Dieny).... | 0 fr. 30 | 0 fr. 40 |
| *Comment je suis devenu Eclaireur*........... | 0 fr. 50 | 0 fr. 60 |
| *La Méthode des Eclaireurs* (P. Breittmayer).. | 0 fr. 60 | 0 fr. 75 |
| *Pour devenir Eclaireur* (extrait du Manuel concernant les connaissanc. d'un aspirant) | 0 fr. 25 | 0 fr. 40 |
| les 10... 2 fr. » le 100... | 18 fr. » | |
| *La Loi de l'Eclaireur* (12 cartes postales illustrées)............ | 1 fr. » | 1 fr. 15 |
| *Sports et récréations* (Carpenter et Meylan)... | 2 fr. » | 2 fr. 20 |
| *Manuel de Camping* (H. et Ch. Bonnamaux). | 2 fr. » | 2 fr. 40 |
| *Guide pratique d'éducation physique* (Joinville)............ | 2 fr. » | 2 fr. 40 |
| *Historique de la Troupe de La Rochelle*....... | 2 fr. » | 2 fr. 20 |
| *Chants de route et de bivouac*............. | 1 fr. 40 | 1 fr. 65 |
| *Le carnet du Chef de patrouille*............. | 2 fr. » | 2 fr. 15 |

# Table des Matières



## ANNUAIRE GÉNÉRAL DES UNIONS

CAHORS, IMPR. COUESLANT *(personnel intéressé)*. — 22.238

# ...lications du Comité National des U. C. J. G.

En vente à la Librairie du C. N., 46, rue de Provence, Paris

*Les mandats doivent être établis au nom de Mlle Viguier*

| | PRIX | PORT |
|---|---|---|
| Annuaire 1914 des U. C. J. G. ............... | 0 60 | + 0 10 |
| Annuaire 1920 des U. C. J. G. « Aux Jeunes » | 0 75 | + 0 10 |
| Vers la Conquête. Souvenir de la 15ᵉ Conférence Nationale de Nîmes 1909 ....... | 2 50 | + 0 20 |
| Compte rendu du XVIᵉ Congrès National de l'Alliance des U. C. J. G. Nantes 1912 ... | 1 » | + 0 20 |
| Etes-vous membre d'une U. C. J. G. ..... | gratuit | + 0 05 |
| La mission nationale du protestantisme (E. Riou) .............. | 0 40 | + 0 05 |
| L'Etude personnelle de la Bible (J. Kaltenbach) .............. | 0 40 | + 0 05 |
| L'Etude sur les Psaumes 1ʳᵉ et 2ᵉ séries (J. Kaltenbach) ........... Chacune | 0 95 | + 0 15 |
| Etapes de la révélation en Israël (. Rayroux) ............... | 0 40 | + 0 10 |
| Pour les Unions et pour l'Eglise (E. Sautter et Ch. Grauss) ............. | 0 65 | + 0 10 |
| Rapport du C. N. sur l'exercice 1909-1912. | 0 50 | + 0 10 |
| Vers la lumière (L. Brunet, R. Anstett, H. d'Allens, G. Lys, R. de Jarnac) ..... | 0 65 | + 0 10 |
| Quelques études sur la pensée de Jésus (Ch. Grauss) ............. | 0 95 | + 0 15 |
| Jésus de Nazareth (A. Westphal), pour les Unionistes ........... *Prix spécial* | 2 30 | + 0 20 |
| Affiche programme 1 m. 20 × 0 m. 80, exposant le but des U. C. ....... | 2 » | + 0 25 |
| Gravure « Ce que l'U. C. J. G. vous offre », 0 m. 44 × 0 m. 27 ........... | 1 » | + 0 25 |
| Prospectus illustré de propagande.. le cent | 1 50 | |
| les 500 | 7 » | |
| le 1000 | 12 » | |
| L'Espérance, journal illustré des U. C. J. G. ........... Abonnement | 4 » | |
| le Nᵒ | 0 50 | + 0 05 |
| Hygiène et morale (Dʳ Good) ......... | 0 65 | + 0 10 |
| La guerre et l'enfant (E. Pourésy) ....... | gratuit | + 0 05 |
| La pureté rationnelle (Dʳ Goy) ....... | 0 80 | + 0 10 |
| La vie morale (E. Pourésy) ....... | gratuit | |
| Le respect de la femme (E. Pourésy) .... | gratuit | |
| Pour être fort (E. Pourésy) ....... | gratuit | + 0 05 |
| Vers la vie (Dʳ Le Bec) ........... | gratuit | |
| Vers la vie (E. Pourésy) ....... | gratuit | |
| Insigne officiel émaillé (bouton ou épingle de cravate) ........... Pièce | 2 75 | + 0 30 |
| Cliché galvano de l'Insigne Unioniste, différents formats ... *Prix unique* | 4 75 | + 0 30 |
| Drapeau-fanion avec insigne ... *Pièce* | 2 25 | + 0 30 |
| Croix-Huguenote et Collier, or et argent (demander le | | |

SELSON ENGINEERING
Co (France) Limited
TÉLÉPHONE
Roq. 81.44
TÉLÉGRAMMES
SELSON-PARIS
22, boulevard Richard-Lenoir — PARIS
SOCIÉTÉ ANONYME AU CAPITAL DE 500.000 FR.
MACHINES-OUTILS ET OUTILLAGE
MOTEURS SELSON
Fonctionnant au pétrole et à l'essence.
Moteurs sans soupapes
Allumage par magnéto haute tension
MOTEUR IDÉAL POUR L'INDUSTRIE
ET L'AGRICULTURE
FORCES
3 1/2 HP
5 HP
9 HP
Livraison très rapide

www.ingramcontent.com/pod-product-compliance
Ingram Content Group UK Ltd.
Pitfield, Milton Keynes, MK11 3LW, UK
UKHW020021100726
13658UKWH00003B/1029